Los Mil y un
SUEÑOS
de la A a la Z

Si este libro le ha interesado y desea que lo mantengamos informado de nuestras publicaciones, escríbanos indicándonos cuáles son los temas de su interés (Astrología, Autoayuda, Esoterismo, Qigong, Naturismo, Espiritualidad, Terapias Energéticas, Psicología práctica, Tradición...) y gustosamente lo complaceremos.

Puede contactar con nosotros en
comunicación@editorialsirio.com

Diseño de portada: Editorial Sirio, S.A.

© de la edición original
J. F. Walker, 1995

© de la presente edición
EDITORIAL SIRIO, S.A.
C/ Rosa de los Vientos, 64
Pol. Ind. El Viso
29006-Málaga
España

EDITORIAL SIRIO
Nirvana Libros S.A. de C.V.
Camino a Minas, 501
Bodega nº 8,
Col. Lomas de Becerra
Del.: Alvaro Obregón
México D.F., 01280

ED. SIRIO ARGENTINA
C/ Paracas 59
1275- Capital Federal
Buenos Aires
(Argentina)

www.editorialsirio.com
E-Mail: sirio@editorialsirio.com

I.S.B.N.: 978-84-7808-822-5
Depósito Legal: MA-884-2012

Impreso en los talleres gráficos de Romanya/Valls
Verdaguer 1, 08786-Capellades (Barcelona)

Printed in Spain

J.F. WALKER

Los Mil y un
SUEÑOS
de la A a la Z

editorial Sirio, s.a.

Introducción

Desde los albores de la humanidad los sueños han atraído la atención del hombre. En las culturas más antiguas de las que tenemos conocimiento, su interpretación era efectuada por los sacerdotes, que al mismo tiempo eran magos o chamanes. Los sueños eran de este modo considerados como avisos de la divinidad o al menos como mensajes del otro lado de la existencia y por ello se les concedía una importancia capital. Al perder la clase sacerdotal sus facultades mágicas, la interpretación de los sueños pasó a manos de adivinos y pitonisas y así, de un modo más o menos oculto, ha llegado hasta nuestros días.

La mayoría de las interpretaciones presentadas en este libro proceden de antiguos manuscritos franceses e ingleses,

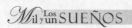

enriquecidas con otras de especialistas de principios de nuestro siglo.

A la hora de la interpretación es importante tener en cuenta que la mayoría de los sueños que recordamos son consecuencia de causas externas, teniendo muy poco que ver con niveles de consciencia más elevados o profundos. Muchos de ellos son originados por los sucesos de nuestra vida diaria, por una cena demasiado copiosa, por algún ruido oído mientras dormimos, por sensaciones físicas –frío, calor o dolor– o por alguna ansiedad o preocupación que nos aflije.

De este modo, el primer paso es discernir si el sueño ha sido originado por una causa externa y localizada, con lo cual su interpretación no viene al caso, o bien si ha surgido en nuestro subconsciente de un modo totalmente espontáneo.

Los sueños pueden ser estáticos o dinámicos, pueden presentar escenas o situaciones comunes o por el contrario totalmente fantásticas, pueden estar formados por una simple visión: el mar, montañas o un artefacto en el cielo, o pueden ser una sucesión de hechos y acontecimientos enlazados de la manera más caprichosa y aparentemente sin ninguna relación entre sí.

Cuando en el sueño aparecen diferentes escenas, sucesos, seres y objetos, que es el caso más frecuente, la principal dificultad que surge a la hora de su interpretación es discernir cuáles de sus componentes podríamos considerar como «claves». De este modo es necesario aislarlos y tras hallar el significado individual de cada uno de ellos, tratar de dilucidar el mensaje del sueño en su totalidad.

Indudablemente, para ello se necesita cierta habilidad y por supuesto, también alguna intuición pero generalmente, con el manual que aquí les presentamos, ello no resulta difícil.

A fin de evitar que el sueño se diluya una vez que nuestra atención comienza a fijarse en los asuntos de la vida diaria, es muy recomendable mantener en la mesilla de noche una pequeña libreta o diario, en donde inmediatamente después de despertar anotaremos —aunque sea a grandes rasgos— nuestra experiencia onírica. De este modo, quedará ya anclada en este lado de la memoria y más tarde podremos fácilmente reconstruirla en su totalidad para su estudio o interpretación.

Así, el análisis y el estudio de sus propios sueños, que para unos no deja de ser mera superstición o incluso frivolidad, se convierte para otros en un verdadero sendero, en un camino de evolución espiritual en el que uno es al mismo tiempo maestro y discípulo, donde no hay intermediarios ni interferencias de ningún tipo y que tal vez por ello, constituya uno de los pocos medios reales de acceder a la enseñanza verdadera y eterna.

Los Mil y un SUEÑOS

ABAD
Casamiento seguro. Alegría.
Aumento de la familia.

ABADESA
De un convento: si os mira
con semblante serio, indica
orgullo, y a veces malicia, de
la que seréis víctimas. Si la
cara es risueña o bondadosa,
cobrad ánimo y buena esperanza.

ABADÍA
Es un signo de beneficencia y
consuelo.

ABANDONO
Un individuo que abandona
su estado significa pérdida
ocasionada por gente de mala
fe; soñar que se abandona su
propia morada, denota ga-
nancia en los negocios; verse
abandonado de los grandes,
indica alegría y fortuna. Ser

abandonado por personas queridas presagia mayor afecto.

ABANICO
Perfidia y traición.

ABATIMIENTO
Debilidad, falta de carácter. Este sueño indica que no hay que desanimarse por los reveses de la fortuna, y que éstos se vencen con inteligencia y actividad.

ABATIR
Si se sueña que se ha abatido a alguien o derribado algo, es presagio de que se tendrá valor para vencer un obstáculo muy grande.

ABDOMEN
Soñar que se ve esta parte del cuerpo indica que se lograrán las principales esperanzas del que sueña, aunque para ello será necesario aplicarse al máximo sacrificando placeres.

ABEJAS
Señal de dinero; ser picado, que un amigo nos traicionará; si el que sueña las mata, sufrirá una pérdida; si depo-

sitan su miel, traen dicha y dignidades; si se introducen en casa, pérdidas por causa de sus enemigos. Ver un enjambre volando, cambio favorable. Ser perseguido por un enjambre, riña.

ABEJORRO
Ver un abejorro indica que una persona amada por nosotros está planeando alguna locura. Matarlo, que lograremos impedir que la ponga en práctica.

ABERTURA
Asomo de esperanza.

ABISMO
Presagio de terrores, pánicos.

ABLUCIÓN
Cualquier ablución presagia nuevos y felices sucesos.

ABOFETEAR
Si fuera usted abofeteado en sueños por otra persona, espere noticias desagradables de amigos que se encuentran lejos. Si es usted el que lo hace, a otra persona, es indicio de sinsabores en viajes cortos.

ABOGADO

Encontrarse con él, una mala nueva; conversar con él, malograréis un tiempo muy precioso; oírlo, os sobrevendrá alguna calamidad. A menos que se discuta o se luche con ellos, los abogados son siempre presagio de disgustos, divorcios, pleitos y procesos.

ABONO

Si sueña con abono para las plantas, ello simboliza que usted desea resolver algún asunto lo más pronto posible, pero no ha puesto el empeño necesario y por eso está preocupado.

ABORTO

Si una mujer sueña que se le practica un aborto, ello significa que se verá envuelta en algún escándalo en un futuro inmediato.

ABRAZAR

A los parientes, traición; a los amigos, engaño; a los desconocidos, partida; a una mujer, fortuna próspera y envidia de los demás.

ABRAZO

Abrazar a una persona del sexo contrario es presagio de alegrías y gozos en el amor; abrazar a un niño indica que usted quiere retener con todas sus fuerzas ese algo o alguien que le está proporcionando felicidad. Abrazar a un extraño, hará un viaje corto. Abrazar a alguien a quien se admira mucho, problemas amorosos.

ABREVADERO

Cuando los caballos beben en él, es señal de que experimentaréis una próxima alegría; si el animal que bebe es un asno, indica un pleito ganado; si el pilón está seco presagia un misterio; si está lleno de inmundicias predice el nacimiento de un niño.

ABRIGO

Buscar uno para protegerse de la lluvia, gran secreto; durante la tempestad, funestos presentimientos; encontrarlo, adversidades y miseria.

ABROJO

Ver que se le pegan a los zapatos o a la ropa por recostarse en algún lugar en el monte, indica que está recibiendo malas influencias, o bien que hay gente que le odia y desea su mal.

ABSCESO

Cuando se sueña que se nos forma un absceso, debemos temer un estorbo cualquiera; si nos parece verlo que se dilata, cercano logro después de muchas dificultades.

ABSOLUCIÓN

Soñar que el sacerdote nos da la absolución de nuestros pecados es señal de buenos acontecimientos a nuestro alrededor.

ABSTINENCIA

Felicidad futura.

ABUELOS

Soñar con los abuelos es una advertencia que indica que para llegar a una vejez tranquila, debe evitar el exceso en el consumo de las bebidas alcohólicas, el tabaco y la comida. Si se sueña con la muerte de uno de ellos, indica grandes y profundas penas morales; abandono de la persona amada.

ABUNDANCIA

De bienes, seguridad engañosa. Si la abundancia es de satisfacciones, indica casamiento con la persona que amas.

ACACIA

Verla, es favorable; percibir el olor de sus flores, desgracia.

ACADEMIA

De sabios, tedio, sueño, letargo.

ACANTILADO

Si uno se halla al pie de un acantilado es indicio de grandes dificultades. Si está en la cima, triunfos. Si caemos por él, un enemigo está preparándonos una trampa.

ACAPARADOR

Procure el que con esto sueña tener bien guardado su dinero y bien cerrada la puerta de su casa.

ACCESO

De tos: indica que vuestros criados revelan los secretos de

A

casa. Los accesos de locura son señales de favores merecidos.

ACCIDENTE

Soñar que se tiene un accidente significa pérdidas temporales en los negocios o en lo económico; soñar que se ayuda a la víctima de un accidente señala que una persona cercana lo decepcionará. Algunas veces el soñar que se sufre un accidente puede tener carácter premonitorio, por lo que no está de más extremar cuidados y reducir los viajes.

ACECHAR

Significa, unas veces, separación corta de dos enamorados o ausencia momentánea de la población donde se vive. Otras, cambio de modo de proceder en los asuntos particulares.

ACECHO

Soñar que se está al acecho de alguien o de algún animal es indicio de fracasos. Ser acechado, de triunfo sobre todos los obstáculos.

ACEDERA

Dolores, dificultades en los negocios.

ACEITE

Si se derrama por el suelo, perjuicios; si es sobre nosotros, provecho. Soñar con grandes cantidades de aceite indica placeres excesivos que le depararán sufrimientos.

ACEITUNAS

Soñar con aceitunas es un buen augurio. Comerlas, indica abundancia de buenos amigos. Recogerlas, éxito en los negocios.

ACERA (Ver suelo)

Soñar con una acera es augurio de disgustos, vejaciones y malas noticias.

ACERCARSE

Si se acerca a vosotros un príncipe o gran señor, indica vanidad de poco provecho. Si se os acerca un rey, es una desgracia cierta.

ACERO

Romperlo, próxima victoria; tenerlo en la mano, se halla

15

vuestra posición social al abrigo de todo daño; si os es imposible arquearlo, temed alguna desgracia. Soñar con acero es un buen presagio para los nativos de Aries o Escorpión.

ACHAQUES
Si usted sueña que padece males físicos significa que gozará de buena salud; soñar con una persona achacosa indica contrariedades y disgustos pasajeros.

ACLAMACIÓN
Soñarse aclamado públicamente indica delirios de grandeza. Debe ser más humilde y aceptar sus propios errores.

ACOGIDA
Favorable, indiscreción de mujer. Desfavorable: escuchad los avisos que se os dan. Indiferente: infidelidad.

ACÓLITOS
Si son de Catedral: mala noticia. Conspiración doméstica. Cura inesperada. En cualquier caso, situación peligrosa.

ACÓNITO
Amor criminal.

ACORDEÓN
Soñar que se toca este instrumento significa que hay un viaje en puertas que le proporcionará buenos frutos económicos. Si sueña que lo tocan otras personas, ello indica que usted se está engañando a sí mismo en los acontecimientos actuales. Verlo roto o destruido es indicio de que se está usted empeñando en su propia destrucción. Oír simplemente su música significa que sabrá de sinsabores ajenos.

ACOSTARSE
Con un individuo de otro sexo, obstáculo a sus designios: con una persona del mismo sexo, contrariedad; con un hombre feo, enfermedad; con un buen mozo, chasco; con una mujer fea, muerte; con una linda mujer, traición; con su marido ausente, mala nueva; con su consorte, regocijo; con su madre, seguridad en los negocios; con su hija, escándalo; con su hermana,

próximo viaje; con una prostituta, permanente fortuna.

ACREEDOR
Felices negocios, mezclados con inquietudes.

ACRITUD
Penas, cuidados. Cuide su vida.

ACRÓSTICO
Querer componer un acróstico: presagio de dificultades casi insuperables.

ACTA
Firmar un acta, señal funesta.

ACTIVIDAD
Indica negligencia perjudicial para sus intereses.

ACTOR
Soñar con un actor indica afán de representar una imagen suya falsa que le ocasiona grandes conflictos internos. Sea usted mismo y será más feliz.

ACTRIZ
Verla en el escenario, chasco; hablar con ella, vanidad; cortejarla, placeres fáciles; amarla, aflicción.

ACUEDUCTO
Patrimonio pronto a alcanzarse.

ACUMULAR
Indica que vuestros proyectos serán contrarios a vuestros intereses.

ACUSACIÓN
Ante autoridad, disputas y desgracias; si es una mujer la que acusa, preparaos para recibir una mala noticia; si, por el contrario, es un hombre, aguardad un acontecimiento feliz en cualquier empresa. Hay peligro con la mujer ajena.

ACUSAR
A alguien de un crimen: tormento, inquietud; ser acusado por un hombre: éxito; por una mujer, mala noticia. Por su propia esposa, buena noticia.

ADÁN Y EVA
Reconocer a un hijo. Adopción de una persona.

ADELGAZAR
Si sueña que está muy delgado significa que debe esperar cambios repentinos en

su actividad principal y que posiblemente sean desfavorables.

ADHESIÓN
Indica arrepentimiento reflexivo. Si se niega infundadamente, altercado con amigo o pariente próximo.

ADIÓS
Pronunciar u oír esta expresión u otra análoga, funesto agüero; si nos la dirigen, triste nueva. No jugar con fuego.

ADIVINO
Soñar con personas que adivinan el futuro señala que una persona cercana a usted lo engañará, tenga mucho cuidado.

ADJUDICACIÓN
Tribulación en los negocios.

ADMINISTRACIÓN
Soñar que forma parte de cualquier administración es un presagio de miseria, sea cual fuere el puesto que ocupa; pero, por el contrario, si en sus sueños la abandona, su posición tiende a mejorar.

ADMIRACIÓN
Señal lisonjera, si se os admira; pero incómoda, si admiráis.

ADOLESCENTE
Si el joven de sus sueños es de tez clara, prepárese para recibir cierta cantidad de dinero; si es de tez oscura, gozará de buena salud durante un tiempo prolongado.

ADOPCIÓN
De hijos: penas, incomodidades.

ADORACIÓN
Alegría y contento. Si se adora a Dios, es señal de tranquilidad de ánimo. Si se adoran estatuas, es indicio de felicidad.

ADQUISICIÓN
Si ésta es de objetos necesarios para la vida y el bienestar, indica que, si eres pobre, pronto serás rico; si eres rico, la adquisición presagia que tus diligencias obtendrán un buen resultado.

ADULACIÓN
Si sueñas que te adulan en exceso, es señal de que te

verás en una situación vergonzosa, a menos que no admitas la adulación.

ADULTERIO

En la mayoría de los casos, soñar que se comete adulterio es un mal presagio. Si éste se comete con una persona casada, es casi seguro que alguna desgracia se avecina. Si es con una virgen indica próxima invitación a una boda. Si una mujer casada sueña que comete adulterio indica próximo embarazo, con grandes posibilidades de que conciba una niña. Si se trata de una mujer soltera, indica problemas y obstáculos. Si un hombre sueña que tiene la oportunidad de cometer adulterio pero que no puede llevarlo a cabo por alguna incapacidad física, ello indica la existencia de un peligroso rival en los negocios y posiblemente una enfermedad próxima.

ADVERSARIO

Soñar con un adversario significa vencer una rivalidad.

ADVERSIDAD

Soñar que las circunstancias son adversas para usted indica que el pesimismo lo abruma y que debe tener ánimo para seguir adelante. Si sueña con un antiguo adversario vencerá en una rivalidad y si la adversidad es de sus enemigos, tendrá grandes satisfacciones.

ADVERTENCIA

Recibida y aprovechada, prosperidad en los negocios y felicidad. Lanzada a otro, significa orgullo; verla dar, desgracia.

ÁGATA

Es signo de alegría y buenas relaciones sociales, sobre todo si fuera usted del signo Libra. Si es hombre el que la sueña: buenas noticias, introducción en nuevos círculos sociales y prestigio.

AGUACATE

Si sueña que come esta fruta significa que debe cuidar su salud y procurar evitar ser demasiado avaricioso. Soñar con árboles de aguacate indica pérdida económica o desgracia familiar.

AGUACERO
Cuando es muy copioso y usted se moja significa que ahora se encuentra agobiado por problemas pero pronto se verá liberado de todo lo que en estos momentos le preocupa.

AGUAMARINA
Si sueña que regalan esta piedra es indicio de una gran protección por parte de un superior jerárquico o persona encumbrada, especialmente si nació usted bajo el signo de Géminis. Si sueña que la pierde, mal augurio.

AGUJAS
Habladurías, murmuraciones y embrollos.

AGUJERO
Soñar que se cae en un agujero o que tropieza con una abertura indica que a pesar de los tropiezos y dificultades por los que está pasando, pronto tendrá una esperanza que lo ayudará a salir adelante.

AGUSANAR
Si sueña con algún objeto agusanado, tome precauciones pues es un posible indicio de traición amorosa.

AHIJADO
Daños materiales. Compromisos.

AHOGADO
Ver un ahogado significa importante ganancia por casualidad. Ahogar a alguien, triunfo sobre un rival.

AHORCADO
Pérdida de bienes a causa de un pleito.

AIRE
Soñar que se respira aire caliente indica que será influenciado en contra de su voluntad. Si el aire es frío, presagio de pérdidas en los negocios o disgustos familiares.

AJEDREZ
Ocuparse en dicho juego, indica una pronta riña con el sujeto con quien se juega.

AJENJO
El que sueña que lo toma tendrá un dolor moral o físico de poca duración; si lo compra,

caerá enfermo; si lo vende, feliz augurio.

AJO
Ver comer ajo, así como cualquier comida de un olor intenso, es un pronóstico de riña, o de la revelación de algún secreto.

ALACRÁN
Soñar que es picado por un alacrán significa que debe tener cautela con las personas que lo rodean y no confiar sus problemas a otros, ya que lo pueden meter en problemas.

ÁLAMOS
El que los planta experimentará un rápido pero pasajero ascenso en su posición; despojarlos de la corteza es señal de mejora de fortuna; talarlos es ruina inmediata.

ALBAÑIL
Ver a un albañil trabajando indica prosperidad en todos nuestros asuntos.

ALBARICOQUE
Cuando se come el fruto indica contentamiento, placer, alegría si está maduro; cuando se come verde o seco presagia sinsabores; fuera de la estación, fracaso. Si se ve un albaricoquero lleno de frutos denota bienestar; si no tiene más que hojas, sufrimiento.

ALBERGUE
Su visión anuncia el reposo, si se permanece en él, dicho reposo irá entremezclado de desazones. No se puede resolver el problema.

ALCAYATA
Soñar que se clava una alcayata significa resentimientos y posibles ataques de alguien a quien hemos dañado u ofendido.

ALFABETO
Leer o escuchar nuestro alfabeto es indicio de que pronto llegarán cambios favorables, especialmente de índole económica y también posibles viajes.

ALFILER
Soñar que alguien intenta pincharnos con un alfiler pero

logramos evadirnos significa que nos aguarda una sorpresa agradable. Si nos tragamos un alfiler, circunstancias imprevistas nos acarrearán problemas. Pincharse uno mismo con un alfiler, hay personas en contra de nosotros.

ALFOMBRA

Soñar con una alfombra de colores armónicos y agradables indica riquezas y muchos amigos sinceros. Soñar que se duerme sobre la alfombra significa viaje placentero y provechoso.

ALMACÉN

Soñar con un almacén lleno de mercancías es augurio de éxito rápido. Estar dentro, placeres y buena fortuna. Trabajar en él, el éxito le llegará sólo por sus propios esfuerzos y su trabajo.

ALMEJAS

Soñar que come almejas puede ser indicio de que le espían y de que puede verse envuelto en un problema relacionado con su trabajo.

ALQUITRÁN

Soñar que tenemos alquitrán en nuestras manos o en las ropas es indicio de que sufriremos vejaciones. Ver grandes cantidades de alquitrán, problemas causados por enemigos.

ALTAR

Puede ser símbolo de muerte de un familiar o amigo muy cercano, si en el sueño se ve preparado para la misa, estando también presente el sacerdote.

AFEITARSE

Soñar que uno mismo se afeita o que le afeitan es señal de pérdida de bienes, de honores o de salud. Véase barba.

AFEITE

Aplicárselo al rostro, indica una indispensable prudencia; si se aplica a una mujer, anuncio de que no es franca.

AFLICCIÓN

Soñar que se halla sumido en una profunda aflicción, indicio de una próxima alegría. Dinero o buenas noticias.

A

AFRENTA
Recibirla, favor; afrentar a otro, peligro.

AGITACIÓN
Próxima riqueza.

AGONÍA
Soñar que nos hallamos agonizando, señal de perfecta salud; ver en la agonía a algún pariente, éste es feliz si en realidad se encuentra sano; contemplar a una mujer agonizante, pérdida de sucesión.

AGRAVIO
Buen presagio.

AGRICULTURA
Felicidad sin mezcla de sinsabores. «El que al alba se levanta goza de salud cabal y su caudal adelanta», dice el refrán, no lo olvides nunca.

AGUA
El que suele soñar que se halla en el agua, debe temer los flujos y catarros; contemplar el agua transparente y tranquila, buen presagio, principalmente para los viajeros, litigantes y jueces; turbia y agitada, amenaza desgracias, terribles sentencias para los litigantes; encontrarse encima de aguas cristalinas, importantes beneficios; sobre un agua turbia, peligra la vida; agua caliente, enfermedad; beber agua caliente, persecusión; fría, triunfo y prosperidad; agua estancada, enfermedad mortal; caminar por encima del agua, brillantes acontecimientos; ver manar el agua de un punto que parece imposible, inquietudes, disgustos y tristezas; sacar agua podrida, serán de larga duración vuestros sufrimientos, pero, si llega a agotarse o secarse, cesarán cuanto antes; verter el agua, peligros y pérdidas.

AGUADOR
Fastidio, cansancio, fatiga.

AGUARDAR
En algunas ocasiones significa separación o ausencia breve, en otras, cambio de opinión o giro de actividades.

AGUARDIENTE
Placeres licenciosos.

ÁGUILA

Para unos autores: si vuela en las regiones superiores, feliz agüero; si se precipita sobre vuestra cabeza, accidente fatal; si os levanta por los aires, temed una muerte próxima.

Para otros: indica ambición, y grandes dificultades para lograr nuestros deseos, aunque si se persevera, se conseguirán. Soñar que se mata a un águila indica asociación con gente de elevada posición, que le conferirá influencia y beneficios al que sueña. Soñar que se vuela sobre un águila indica proximidad de un largo viaje, seguramente al extranjero.

AGUINALDO

Ofrecerlo, codicia; recibirlo, enredo. Consulta el problema con un abogado.

ALAS

Soñar que tiene alas y puede volar indica que carga demasiado con los problemas de los demás, por lo que se siente excesivamente agobiado.

ALCACHOFAS

Verlas, secretos pesares; comerlas, desgracias. Está usted mal informado.

ALCANFOR

Usarlo, reposición en cargo o posición social, buena señal; comprarlo, herencia de un pariente lejano. El aguardiente alcanforado presagia amor constante o casamiento por amor.

ALCOBA

Si soñáis que estáis o dormís en una alcoba, sed prudentes, pues hay quien trata de descubrir vuestros secretos y eso sería muy peligroso.

ALDEA

Pérdida de dignidades; incendiada, grandes horrores.

ALDEANO-A

Alegría, ausencia de cuidados.

ALEGRÍA

Temed una mala noticia al despertaros.

ALEMÁN
Bondad de corazón, afabilidad y fidelidad. Si es alemana, felicidad doméstica y reconciliación de dos parientes.

ALEMANIA
Estar en ella anuncia carácter agradable y cultura del espíritu.

ALFALFA
Aficiones campestres, y tal vez casamiento con una labradora.

ALGODÓN
Indica que no es vicio la pobreza, significa también alegría y temor desprovistos de fundamento.

ALGUACIL
Trampas. Acechanzas, acusaciones por falsos amigos.

ALIENTO
De un niño: favor. De una mujer: peligro próximo. De un ebrio: beneficio y mejora de suerte.

ALIMENTO
Soñar que se está comiendo, preparando o comprando alimentos significa un gran temor a la pobreza, a sufrir pérdidas materiales, a la soledad, al rechazo de los demás, a la vejez y la enfermedad. Tenga cuidado con su salud y no edifique castillos en el aire.

ALMA
Verla entrar en el cielo es augurio muy favorable para el que sueña.

ALMANAQUE
Necesidad de llevar una conducta más ordenada.

ALMENDRA
Comer almendras, obstáculos inesperados; pero no dejarán de superarse.

ALMIDÓN
Engaño. Use una prenda almidonada.

ALMIRANTE
Comercio defraudado. Verle en un combate naval es indicio de irse a pique.

ALMIZCLE
Desengaño. Riqueza. Falta de salud. La culpa de todo la tiene usted.

ALMOHADA

Si una joven sueña que está haciendo una almohada es indicio de paz, felicidad y lujos abundantes. Soñar con muchas y bonitas almohadas es presagio de un romance.

ALMOHADÓN

Blando: debilidad. Duro: virilidad y entereza de carácter; bordado: grandeza, alta jerarquía.

ALMORZAR

Solos, avaricia; en compañía, largueza. Ponga atención a sus amigos.

ALONDRA

Rápida elevación.

ALQUILER

Soñar que se está pagando el alquiler de una casa significa bondad y buena disposición para con los demás. Si sueña que lo debe y no tiene con qué pagarlo indica que ha de rechazar las ideas pesimistas y la depresión.

ALTAR

Percibirlo, alegría; construirlo, pariente cercano a ordenarse; verlo derribado, melancolía.

AMA DE CRÍA

Desazón.

AMAESTRAR

Soñar que se está amaestrando a un animal suele indicar victoria sobre los enemigos, siempre que se actúe con cautela.

AMAMANTAR

Te avisa este sueño de que pronto gozarás de una gran felicidad, en cuya conservación habrás de poner todo tu empeño porque si la dejas marchar no volverás a poseerla.

AMANTE

Soñar que se tiene un amante es indicio de que sufrirá un revés de fortuna, de enfermedad y de daños morales.

AMARILLO

Ver objetos que llaman la atención por su color amarillo indica traiciones. Ver a alguien vestido de amarillo: la infidelidad amenaza a alguno de los que nos rodean.

AMATISTA
Brillante posición. Muy buen augurio para los nativos del signo de Acuario. Soñar que se pierde, indicio de problemas.

AMAZONA
Mujer ambiciosa y pérfida.

ÁMBAR
Buena suerte, compre un billete de lotería consultando en un libro de numerología qué número debe adquirir.

AMBICIÓN
Si le domina hasta hacerle sufrir, debe modificar los planes que proyectaba, porque, de llevarlos a cabo, podrá sufrir en su honra o fortuna.

AMBULANCIA
Posibilidad de muerte violenta.

AMÉRICA
Presagio de independencia. Soñar que está en tratos con un americano, es presagio de hacer buenos negocios.

AMIGOS
Reunión de jóvenes; reír con ellos, cercana ruptura.

AMONTONAR
Soñar que se amontonan cosas suele ser indicio de malas noticas: peleas con los vecinos, dificultades económicas o problemas familiares.

AMOR
Ser su esclavo, largos placeres; despreciarlo, triunfo; cortejar a una linda mujer, alegría; a una vieja, tribulaciones. Soñar que nuestro amor no es correspondido indica que no estamos seguros de la decisión que vamos a tomar, ya sea en el terreno amoroso, en el de los negocios o en cualquier otro, es decir, dudas. Si sueña que ama a algún animal ello indica satisfacción con lo que posee y también que es una persona fácil de contentar.

AMOS
Si se los mira con respeto y cariño, recompensas merecidas. En caso contrario, es indicio de brutalidad y graves disgustos.

AMPOLLA
Estafa. Prisión. Multa próxima.

AMPUTACIÓN
Verla practicar, pérdida de un amigo; ser el paciente, pérdida de bienes.

AMULETO
Soñar con algún tipo de amuleto indica que necesita alguna clase de protección.

ANATOMÍA
Cura de todas las enfermedades.

ANCHOAS
Fortuna feliz, pero que tendrá funestas consecuencias.

ANCIANO
Sabiduría y consideración.

ANCLAS
Ciertamente será próspero el viaje pero no estés fuera mucho tiempo. Es necesario que ahorres en el banco.

ANDAMIAJE
Operaciones ruinosas.

ANDAMIOS
Operaciones que traen consigo la ruina.

ANDAR
Con un paso apresurado, situación provechosa, nuestros deseos se cumplirán con facilidad; retrocediendo, pérdidas, mudanza y desazón; sobre piedras, sufrimientos; sobre agua, prosperidad; con muletas, pobreza. No poder andar, fracaso en un proyecto. Andar sobre las manos o cabeza abajo, estafa.

ANDRAJOS
Contemplarlos, vergüenza y miseria.

ANÉCDOTA
Referirla: murmuraciones; escucharla: riñas.

ÁNGEL
Noticia próspera. Hay un extranjero que te puede ayudar. Posible herencia de alguien lejano.

ANGUILA
Soñar que se es capaz de cogerla sin que se escape es un

buen sueño. Sin embargo, si huye de nosotros indica pérdidas en los negocios. Simplemente ver una anguila en agua clara es también un buen presagio.

ANILLO

Soñar que se llevan anillos en los dedos es indicio de nuevas aventuras, que casi seguro terminarán bien. Ver un anillo casi enterrado en el suelo y recogerlo es indicio de fracasos en los negocios. Si una joven sueña que recibe un anillo, un antiguo amor será renovado y terminará en matrimonio.

ANIMALES

Alimentarlos, fortuna.

ANIVERSARIO

Querella o riña doméstica, presagio de una enfermedad.

ANTEOJOS

Desgracia o melancolía.

ANTEPASADOS

Recordarlos, desgracia de familia. Verlos, disgustos promovidos por parientes. Hablarles, pleito entre familiares.

ANTORCHA

Encendida, recompensa. Apagada, prisiones.

ANZUELO

Superchería. Abuso de confianza.

APAGAR

Soñar que se apaga una luz es señal de luto.

APARATOS QUIRÚRGICOS

Indican preocupaciones y pérdidas de dinero. Tal vez enfermedades o accidentes en la familia.

APARICIÓN

Ver a una persona muerta: recuerdo de un deber que tenemos que cumplir. Si la aparición es de un ser sobrenatural: inspiración feliz.

APETITO

Partida de parientes o de amigos íntimos.

APOPLEJÍA

Intranquilidad. Disputa.

APRENDER
Soñar que se está en una escuela significa contrariedades y angustias.

APRENDIZAJE
Enseñar a un niño significa penas y tormentos.

APRIETO
Pérdida de dinero.

APRISCO
Con el ganado dentro, es un recuerdo de la obligación de velar por la familia. Vacío, peligro.

APUESTA
Soñar que se apuesta dinero en juegos de azar indica la necesidad de ser muy precavido en cualquier nueva empresa. Puede haber personas interesadas en desviar su atención hacia una dirección que no es la adecuada. Puede también indicar la existencia de personas que intentan robarle, estafarle o sustraerle parte de sus bienes.

ÁRABE
Usureros que pueden intentar explotarte.

ARADO
Dirigido hacia el que sueña indica felices empresas. En posición contraria, ligeros obstáculos.

ARAÑA
Soñar con arañas indica que se llegará a amasar una pequeña fortuna gracias a un comportamiento excesivamente económico y tacaño. Matarla, peleas y disgustos. Si es una joven la que sueña, se casará con un profesional. Las arañas también pueden significar traiciones y enemigos ocultos, por lo que es conveniente estar preparado.

ARAÑAZOS
Hechos por un gato son anuncios de enfermedad y aflicciones.

ÁRBITRO
Pleito futuro.

ÁRBOL

En general soñar con árboles es un buen pronóstico, siempre según su belleza. Si es un árbol de gran copa indica protección. Un árbol cargado de fruta indica un próximo amor. Con las ramas secas, pérdida. En flor, riqueza. Coger el fruto de un árbol viejo, herencia. Arrancar un árbol, desgracia, inminente ruina. Subir a un árbol y llegar hasta la copa, éxito en las empresas. Caerse del árbol, miseria y desgracias. Talarlo, falta de buen sentido en los gastos.

ARCO

Tirar con arco, consuelo.

ARCO TRIUNFAL

Elevación y dignidades.

ARCO IRIS

En oriente, dicha para los pobres y enfermos. En occidente, bueno sólo para los ricos. Sobre las cabezas, adversidad o incluso muerte, propia o de alguien de la familia.

ARDILLA

Sorpresa agradable y buen augurio para los negocios. Poseer una, felicidad y contento. Matarla, falta de tacto.

ARENA

Incertidumbre.

ARENAL

Soñar que se anda errante por un arenal indica que se hará un viaje largo e infructuoso; si el arenal está abrasado por el sol, se regresará del viaje con la salud quebrantada.

ARENAS MOVEDIZAS

Soñar que uno se hunde en arenas movedizas indica problemas y disgustos por culpa de otros que nos han fallado. Ver que otro se hunde en tales arenas es indicio de que hemos frustrado los planes de alguien que nos quería perjudicar.

ARENQUE

Comerlo indica desdenes por parte de quien se ama. Pescarlo, indica mucho trabajo y pocas ganancias.

ARGOLLA
Ver a uno atado a una argolla es señal de triunfo sobre el enemigo. Estar atado a una argolla indica compromisos invencibles.

ARIDEZ
Dicha en el amor.

ARLEQUÍN
Travesuras de mujer.

ARMADURA
Llevarla, prudencia. Quitársela, peligro.

ARMARIO
Riqueza. Si está lleno, desconfiad de vuestra mujer.

ARMAS
Cortantes, disputas y enemistades.

ARMERÍA
Dignidades, próximo acontecimiento agradable.

ARPA
Curación y consuelo. Es indicio de satisfacciones sentimentales. Verla rota, mal presagio.

ARRAS
Indican que tendrá que pagar una considerable cantidad de dinero.

ARRENDAMIENTO
Firmar un arrendamiento indica unión perjudicial. Proyectos vanos.

ARREPENTIMIENTO
Soñar que se arrepiente y pide perdón indica que su vanidad y soberbia le impiden en muchas ocasiones reconocer sus errores y pedir disculpas. Tenga más cuidado con lo que hace o dice para no herir los sentimientos ajenos.

ARRESTO
Si ve arrestar a otro, robo audaz. Si es uno mismo el arrestado, falta de afición al trabajo.

ARROYO
De agua clara, empleo lucrativo y honroso. De agua turbia, descalabros para los envidiosos. Agotado, desgracia y estrecheces. Agua corriente y clara, curación de

enfermedad. Agua sucia, peligros y males.

ARROZ
Abundancia. Soñar que comemos arroz es indicio de felicidad familiar y éxito en los negocios. Ver grandes cantidades de arroz indica transacciones beneficiosas y abundantes amigos. No pida dinero prestado.

ARRUGA
Salida de apuros mediante matrimonio. Salud.

ARSENAL
Discordia o guerra.

ARSÉNICO
Si se sueña que se toma por equivocación, ataque de apoplejía. Si se toma a propósito, restablecimiento del enfermo.

ARTIFICIALES (Fuegos)
Placeres vanos y pasajeros.

ARTILLERÍA
Cambio de amor. Proceso complicado.

ARTISTAS
Placeres varios.

ARZOBISPO
Anuncio de muerte.

ASALTO
Si sueña que lo asaltan significa avaricia y codicia, sea más generoso.

ASAMBLEA
Si es de mujeres jóvenes y hermosas, busca esposa; si la asamblea está formada por hombres significa enemigos.

ASCENSIÓN
Grandeza efímera. Ascender una colina u otra altura con mucha dificultad indica disgustos y decepciones.

ASERRAR
Logros y satisfacciones.

ASESINATO
Soñar con asesinos y asesinatos indica que pronto tendrá que hacer un viaje corto. Se verá mezclado en riñas y dificultades. Ver la sangre vertida en un asesinato indica que hay

enemigos que pretenden perjudicarlo.

ASESINO

Soñar que se ve cometer un asesinato es indicio de que tendrá que cargar con las culpas de otros y también de la posible muerte de algún ser querido. Soñar que usted es el asesino indica que en caso de seguir así, pronto su reputación se verá manchada. Si es usted el asesinado, hay enemigos ocultos que están dañando sus intereses.

ASMA

Descubrirás una traición y te vengarás de ella.

ASNO

Verlo correr, indicio de desgracias. Si rebuzna, desazón y perjuicios. Detenerlo, murmuraciones y calumnias.

ASOCIACIÓN

Si es con mujeres será unión deshecha. Si se trata de hombres, enemistades y reyertas.

ÁSPID

Presagia gran fortuna, casamiento con hombre o mujer muy rico.

ASTILLERO

Abundancia y prosperidad.

ASTRÓLOGO

Véase horóscopo.

ASTROS

Pronóstico favorable. Cuanto más clara sea su luz o mayor el número de astros que veamos en sueños, más mejorará nuestra situación.

ATASCADO

Buenos sentimientos. Larga vida.

ATAÚD

Indicio de próxima boda.

ATRAGANTAR

Soñar que se atraganta la comida indica que se sufrirá enfermedad por abuso de placeres.

ATURDIMIENTO

Señal de próxima curación.

A

AUDACIA
Buen augurio.

AUDIENCIA
De un rey, beneficios. De un magnate, luto.

AULLIDO
Habladurías.

AUREOLA
Si aparece en la cabeza del que sueña, buen presagio. Si brilla sobre un rival o enemigo indica pérdidas y derrota. Si lo hace sobre una mujer, es conveniente procurar ser amado por ella.

AUSENCIA
Soñar con los que se hallan lejos indica que vuelven.

AUTÓMATA
Debemos tener cuidado con una persona que trata de ganarse nuestra confianza.

AUTOMÓVIL
Soñar que se conduce indica inseguridad y falta de confianza.

AUTOPSIA
Presenciarla, negocios llenos de dificultades. Practicarla, obstáculos insuperables.

AUTOR
Contemplar a autores, negocio fatal, pérdida de dinero. Soñar que se es autor, miseria y vanidad, esperanza engañosa.

AVARO-AVARICIA
Posible hallazgo de tesoro o herencia. Indica también ineptitud por parte del que sueña.

AVELLANAS
Obstáculos, inquietudes. Pecado que permanecerá secreto pero que ocasionará consecuencias desagradables.

AVENA
Prosperidad para el que la ve en los campos madura y tiesa. Miseria para el que la contempla segada. Tomar avena, felicidad y buena salud.

AVENIDA
Indica grandes proyectos para el futuro. Próximo encuentro feliz con una persona muy agradable.

AVESTRUZ

El que sueña con un avestruz reunirá numerosas posesiones gracias a su diplomacia y amabilidad aunque tampoco se verá exento de decepciones y disgustos. Cazar una es indicio de muchos viajes y conocimiento de gente importante.

AVISPA

Soñar que nos pican las avispas indica pesadumbres.

AVIÓN

Los aviones presagian cambios en su vida. Deberá tener mucho cuidado pues hay peligro de percances.

AYUDAR

Soñar que se ayuda a otros indica percances por escasez de dinero.

AYUNO

Indica gastos excesivos.

AZOGUE

Su suerte cambiará pronto.

AZOTAR

Soñar que se azota a alguien significa paz en el matrimonio a los casados y felicidad en el amor a los solteros. Azotar a su amante indica que no durará mucho su relación.

AZÚCAR

Soñar con azúcar indica problemas familiares y pérdida de confianza. También que viviremos experiencias que no serán tan dulces como nosotros imaginamos.

AZUFRE

Puede ser un presagio de envenenamiento.

AZUL

La visión en sueños de objetos de color azul, anuncia la llegada de una etapa de la vida que nos aportará gran serenidad y buenas compensaciones.

BABA
Casamiento seguido de herencia. Alegría.

BACALAO
Placeres licenciosos.

BÁCULO
Vejez prolongada y sin achaques.

BADAJO
Soñar con un badajo de campana indica que el asunto que nos llegará generará más ruido que provecho.

BAHÍA
Verse en un barco llegando a una bahía puede ser indicio de pesadumbre por la pérdida de un ser querido. Muy pronto su vida entrará en una época mucho más favorable en la que hallará la paz.

BAILARINA
Peligra tu reputación.

BAILE
Indica alegría y dinero.

BALANZA
Soñar que se pesa a sí mismo en una balanza indica una mejoría en su situación económica y social. Ver que otros se pesan es indicio de falta de decisión y excesiva dependencia de la opinión de los demás.

BALAS
Soñar con balas y balazos es premonición de grandes tristezas.

BALAS DE CAÑÓN
Verlas indica miseria.

BALAZO
Noticia desagradable.

BALCÓN
Cuide su dinero.

BALSA
Descubrimiento que origina un gran disgusto. Sea reservado.

BÁLSAMO
Buena reputación.

BALLENA
Indica inminente peligro.

BAMBÚ
Cualquier sueño en el que intervenga el bambú suele ser indicio de abundancia.

BANCARROTA
Negocios que se acercan a su fin.

BANCO
Promesa falsa o engañosa. Ver un banco sin empleados indica pérdidas en los negocios. Ver a los cajeros pagar, descuidos por nuestra parte. Recibir dinero del banco, indica éxitos.

BANDERA
Presagia dicha y seguridad.

BANDIDOS
Si te asaltan, deberás confiar más en tus propias fuerzas. Si los persigues, ten cuidado con accidentes. Contemplarlos indica seguridad en los asuntos propios.

BANQUETE
Placeres demasiado costosos que conviene evitar.

BAÑO
Bañarse en agua clara indica buena salud; hacerlo en agua turbia, muerte de parientes o amigos. Baño demasiado caliente o demasiado frío, disgustos domésticos.

BARBA
Soñar que se tiene la barba muy larga indica que se vivirá mucho tiempo. La barba negra indica desazón. Barba rubia, deshonor. Arrancarse la barba indica pérdidas.

BARBERO
Habladurías, cuentos y enredos.

BARCO
Soñar con un barco en perfectas condiciones es buen augurio. Si el barco está destrozado y navegando en aguas tumultuosas, es indicio de problemas en sus negocios, de alguna intriga que saldrá a la luz tras lo cual le será muy difícil recuperar el buen nombre. Ver un naufragio, ansiedad por las malas acciones de los demás. Naufragar uno mismo, peligro de que nuestro nombre se vea manchado.

BARNIZ
Engaño descubierto.

BARQUERO
Amores puros e ideales.

BARRACA
Puede indicar que tu hijo está contrayendo deudas.

BARRER
Barrer su casa indica felicidad en los negocios. Barrer un sótano o bodega indica desgracia.

BARRERA
Indica que se podrán superar todos los obstáculos que se presenten.

BARRICADAS
En general es un mal indicio. Puede indicar peligros o disputas entre familiares.

BARRILES
Abundancia.

BARRO
Sacar barro de un río indica prosperidad material. Verse cubierto de barro es presagio de males físicos. Soñar que se hunde en el barro indica que sus planes no se materializarán como usted esperaba, sino que más bien le generarán decepciones.

BARROS
Soñar con barros y acné indica que no debe dejarse llevar por las apariencias.

BÁSCULA
Indica altibajos en la economía y en la estabilidad emocional.

BASTÓN
Golpear con un bastón a alguien o ser golpeado significa pérdidas materiales.

BATALLA
Se gane o se pierda en ella, suele ser siempre un mal agüero.

BAÚL
Lleno, abundancia; vacío, miseria.

BAUTISMO
Indica renovación y firmeza. Éxito en los negocios.

BEBÉ
Oír el llanto de un bebé indica disgustos y enfermedades. Oír su risa, amor y amistades.

BEBER
Agua fría, riquezas; caliente, enfermedad; tibia, disgustos.

BELLEZA
Soñar con la belleza es un excelente augurio. Ver una mujer hermosa es signo de paz y abundancia. Éxito en los negocios y también en el amor.

BELLOTAS
Generalmente soñar con bellotas anuncia grandes éxitos. Comerlas, presagia que se alcanzará una posición estable y cómoda. Recogerlas indica que se ganará cualquier pleito en el que esté enzarzado el que sueña.

BENDECIR
Ser bendecido indica alegría. Bendecir a alguien, aflicción pasajera.

B

BERENJENAS

Soñar que se comen berenjenas suele ser indicio de disgustos causados por componentes jóvenes de su familia. Ver la planta con frutos, problemas o preocupaciones por los padres.

BESAR

Besar las manos de una mujer: buena fortuna. Besar la tierra: tristeza y humillación. Ser besado, próxima visita de una persona apreciada.

BESO

Besar a una persona del sexo opuesto indica próximo encuentro feliz. Besar a los padres, fin de problemas que nos aquejaban. Besar las manos de alguien suele indicar siempre amistad y buena fortuna. Ver en sueños a niños que se besan, felicidad y éxitos. Besar a su novia-o en la oscuridad, problemas a consecuencia de compromisos contraídos indebidamente. Besar a una mujer desconocida, deshonestidad. Ser besado por alguien que tratamos de rechazar, enfermedad leve.

BIBERÓN

Próximo nacimiento de una criatura.

BIBLIA

Alegría íntima y tranquilidad de conciencia.

BIBLIOTECA

Un libro resolverá su problema.

BIGOTES

Ver barba.

BIOMBO

Suele ser indicio de engaños y falsedades. Si es una mujer quien lo sueña, problemas en su matrimonio.

BIZCO

Si se soñase así es signo de muy buena suerte, aunque en la actualidad esté pasando por un momento difícil.

BLANCO

Verse vestido de blanco significa alegría.

BLUSA

Ponerse una blusa presagia un viaje. Quitársela, indica la

recaída de un enfermo. Blusa sucia, malas noticias.

BOCA
Grande, riqueza; pequeña, pobreza; fétida, desprecio.

BODAS
Entierro.

BOFETADA
Dar una bofetada es signo de paz y concordia en casa. Si el que da la bofetada no está casado, indica que será afortunado en amores.

BOLA
Si sueña que en cualquier parte de su cuerpo le aparece una bola, ello indica que por más que se esfuerce no podrá ocultar la verdad.

BOLOS
Jugar a los bolos suele ser siempre indicio de desgracia.

BOLSA
Llena, tormento y avaricia. Vacía, bienestar y felicidad.

BOMBA
Sacar agua cristalina es indicio de una sorpresa agradable. Si el agua es turbia, indica desazón.

BOMBEROS
Soñar con bomberos suele ser indicio de un nuevo romance o también de que debe actuar con suma rapidez para solucionar sus problemas.

BORRICO
Muerte de un allegado.

BORRÓN
Desafío.

BOSQUE
Indica numerosas ocupaciones pero de dudoso provecho. Soñar que se pasea por el bosque es indicio de un próximo cambio en su situación. Ver que el bosque se quema, ganancias después de mucho trabajo.

BOSTEZO
Muerte poco sentida.

B

BOTAS
Botas nuevas, éxito en las empresas.

BOTELLA
Buen humor y diversiones. Botella rota, indica tristeza.

BOTONES
Usurero, hombre embrollón. Dificultades causadas por un amigo íntimo. Si una joven sueña que está cosiendo botones es indicio de que pronto tendrá un pretendiente rico.

BRASERO
Una persona querida puede sufrir un accidente.

BRAZALETE
Vender o comprar un brazalete es indicio de pérdidas y mala suerte.

BRAZO
El brazo derecho amputado indica la muerte de un familiar hombre, si es el izquierdo, mujer. Brazos enfermos o quebrados; aflicciones y pérdidas. Gruesos, bonanza y riquezas. Peludos, aumento de bienes. Sucios, miseria.

BRILLANTE
Soñar que se lo regalan o que posee uno es indicio de grandes logros en la vida. Si lo pierde, significa lo contrario.

BRINDIS
Soñar que se brinda con los amigos indica felicidad al lado de la persona amada.

BROCHES
Perder un broche indica falsa acusación.

BRUJA
Dificultades en los negocios o empleo. Posibilidad de lastimarse por un tropiezo o resbalón al caminar.

BRÚJULA
Utilizarla es signo de equilibrio. Si se rompiera, peligro de enfermedad psíquica.

BUENAVENTURA
Dicha por una gitana a quien sueña: buena suerte.

BUEY
Soñar con un buey labrando es indicio de quietud y tranquilidad. Si está abrevando es mal

agüero. Si se halla enfurecido indica tormentos. Si está flaco, penurias. Si es blanco, honores. Si se trata de un buey grueso predice buenos tiempos y felicidad. Si vemos pelear a dos bueyes, próximos disgustos.

BÚFALO
Verlo en sueños suele ser indicio de problemas de salud.

BÚHO
Soñar con un búho indica peligros. Necesidad de ser muy cauteloso con las empresas que acometa.

BUITRE
Verlo volar, muerte. Matarlo, dicha.

BURLA
Estafa, pese a haber sido avisado.

BUSTO
Soñar con un busto indica necesidad de afecto y amor.

BUZÓN
Soñar que se saca algo de él es indicio de que nos enteraremos pronto de cosas interesantes. Depositar algo en él, indiscreción por nuestra parte.

CABALLERÍA
Desolación. Siga con más fe.

CABALLERIZA
Hospitalidad, buena acogida.

CABALLETE
Engaño de mujer, si es nuevo; usado, estafa.

CABALLO
Blanco, placer; negro, estorbo; si soñáis que montáis uno, alcanzaréis el logro de vuestras empresas; si caracoleáis, acompañado de mujeres, recelad de que os armen una perfidia; cabalgar acompañado de varios jinetes, ganancia segura; Si otro monta vuestro caballo, os será fiel vuestra esposa o amante; romper el freno, muerte. Soñar que se teme pasar junto a un caballo indica que perderemos algo importante, aunque más

tarde será recuperado. Soñar que se cambian caballos es indicio de que alguien tratará de engañarnos. Vender un caballo suele indicar siempre pérdidas. Soñar que se limpia un caballo muy sucio, posible enfermedad. Un caballo herido, uno de nuestros amigos tiene problemas. En general, soñar con caballos siempre suele ser un buen augurio.

CABALLOS UNCIDOS
Negocios en buen estado.

CABAÑA
Noble modestia.

CABARET
Lágrimas, tristezas y disgustos con su pareja.

CABELLOS
Negros cortados y lanudos, desgracias; lisos, nuevas amistades; desgreñados, disgustos y ultrajes; si se caen, pérdida de un amigo; si os es imposible desenredarlos, largos pleitos y trabajos sin cuento os consumirán; si son canos, ahorrad el dinero, puesto que acaso tardaréis mucho tiempo

en recibir otro; una mujer calva anuncia una pobreza súbita; un hombre desprovisto de cabello es mensajero de la fortuna. Si una mujer sueña que tiene un pelo hermoso cuando en realidad no es así, indica descuido en su persona y tal vez debilidad mental. Si un hombre sueña que pierde el cabello es indicio de pobreza por sus hábitos excesivamente generosos. Soñar que nos cortan el pelo demasiado corto indica necesidad a causa de nuestros dispendios. Si un hombre sueña que tiene el cabello como el de una mujer, es indicio de afeminamiento y debilidad de carácter. Ver una mujer calva: pobreza y enfermedad. Si una mujer soltera sueña que su cabello se pone gris, le resultará muy difícil decidir con quién deberá casarse.

CABEZA
Separada del tronco, libertad; blanca, alegría; pelada, falsedades; provista de cabello, dignidades; si la cortáis a alguien descubriréis los lazos de vuestros enemigos; si os

C

decapitan, estáis en peligro de sufrir una grave enfermedad; si tenéis una cabeza enorme, vuestros bienes irán en aumento; si es más pequeña que las demás, cuidad el destino que ocupáis; un fuerte dolor de cabeza, indica malos deudores; una calavera os invita a la prudencia. Si la cabeza separada del cuerpo sangra abundantemente indica sufrimientos y disgustos. Verse a uno mismo con más de una cabeza, inesperado cambio en el trabajo, para mejor. Ver la cabeza de un animal salvaje indica que nuestros deseos son bajos, dominados por nuestra naturaleza animal.

CABLE
Próximas noticias de deudores y corresponsales.

CABRA
Blanca, fortuita, ganancias; negra, desgracia.

CABRÍO
Es decir, macho cabrío, si se ve un rebaño de estos animales, es señal de herencia.

CABRIOLA

Soñar que se hacen cabriolas, pérdida del puesto o destino que ocupe. Verlas ejecutar, le sobrevendrá algún bien.

CACAO
Noticias de amante ausente.

CACAREAR
Si en sueños oímos a las gallinas, próximas noticias inesperadas.

CACHORROS
Soñar con cachorros indica que nuestros amigos nos darán muchas alegrías, especialmente si los animales son sanos y hermosos. Si aparecen enfermizos y débiles, el significado del sueño es justo lo contrario.

CADALSO
Honores, dignidades.

CADÁVER
Soñar que vemos un cadáver metido en el ataúd es presagio de malas noticias, tal vez la enfermedad de un amigo, muy posiblemente del sexo opuesto. Ver una gran cantidad de cadáveres amontonados

sin que su visión nos resulte molesta indica que seremos alabados por alguien que antiguamente nos causó muchos sufrimientos.

CADENAS
Arrastrarlas, melancolía y tristeza; romperlas, acontecimiento feliz.

CADERAS
Abultadas, hijos hermosos; lánguidas, enfermedad.

CAER
Si se levanta al momento de haberse caído, superará los obstáculos y se verá colmado de honores; de lo contrario, permanecerá en una posición oscura y desgraciada.

CAFÉ
Si sueña que está tomando café y es soltero-a, ello indica próximas posibilidades de matrimonio. Si está casado-a, penas y tribulaciones.

CAFETERA
Vacía: inútil esperanza. Llena: acierto en los negocios.

Comprar una: pleito por propiedades de fincas.

CAJA
Si sueña que abre una caja que contiene cosas indica felicidad y viajes. Si la caja está vacía, frustraciones. Si sueña que es cajero de un establecimiento es indicio de que pronto se le encargarán mayores responsabilidades. Si en caja hubiera mucho dinero, dificultades económicas.

CAJÓN
Vacío: secreto descubierto; lleno, conciencia honrada. Cerrado en sueños: sé prudente al despertar.

CAL
Compra de finca que te obligará a gastar mucho dinero.

CALABAZA
Vana esperanza, curación de enfermedad. Cuide a los niños pequeños.

CALABOZO
Entrar en uno, salud; permanecer en él, consuelo; salir, peligro.

C

CALAMBRE
Boda de una persona muy allegada, que no nos hará muy felices.

CALAVERA O CABEZA DE MUERTO
Indica que se ha de ser previsor, y que conviene guardarse de trampas y de acechanzas, de los falsos amigos que lo adulan.

CALCETINES
Si no quieres arruinarte, pon más orden en tus negocios y más economía en tus gastos. Ver a una persona con un solo calcetín, molestias y gravedad, en asuntos familiares.

CÁLCULO
Si se resuelve, logro; farsa o acusación si no se logra. Soñar que se trata de hacer grandes sumas u operaciones complicadas es un aviso para que el que sueña tenga cuidado con lo que dice sobre su negocio, pues puede dar inadvertidamente informaciones que le perjudiquen.

CALDERA
Propósito frustrado.

CALDERO
Supuesto paso, que será altamente criticado y te perjudicará.

CALENTADOR
Con fuego: negocios prósperos. Frío: deudas. Comprarlo: herencia o bienes de fortuna inesperados.

CALENTURA
Desmesurada ambición.

CÁLIZ
Verlo: sentimiento religioso; beber en un cáliz: desgracia para el que asista a misa.

CALLE
Soñar con una calle ancha indica feliz encuentro con una persona agradable; si la calle es estrecha significa obstáculos y penalidades. Soñar que se pasea por una calle sin ninguna finalidad indica ansiedad y cansancio mental. Si camina por la calle de muy buen humor, se realizarán sus esperanzas. Si está en una calle oscura y siente miedo, éxito sólo después de grandes esfuerzos.

CALLOS
Disgustos. Pesares. Calamidades. Soñar que se libra de sus callos puede significar próxima llegada de dinero de origen inesperado.

CALOR
Tener calor es anuncio de una larga vida.

CALUMNIA
Contra el que sueña: petición de favores. Contra otro: castigo merecido.

CALZADA
Véase la palabra calle.

CALZADO
Ir bien calzado, honor y provecho; mal calzado, lo contrario.

CALZONES
Descanso y confianza.

CAMA
Soñar con una cama indica felicidad en el hogar; si la cama está sin hacer, es indicio de que tendrá que corregir errores en su trabajo. Soñar que estamos en una cama desconocida indica que pronto recibiremos la visita de amigos inesperados.

CAMALEÓN
Honores y gloria en el trabajo.

CÁMARA FOTOGRÁFICA
Soñar con ella indica que pronto experimentarás en tu vida cambios desagradables, que algo poco afortunado va a ocurrir.

**CAMARERA O
DONCELLA DE SERVICIO**
Malas relaciones con alguien. Todo se sabrá, tenga cuidado.

CAMARERO
Si soñamos que un camarero es amable y nos atiende bien, buenas relaciones y alegría con los amigos. Si es desobediente y grosero, disgustos.

CAMELIA
Te recuerda este sueño que debes ser sobrio en comida y bebida. Indica buenos amigos, corazón hermoso, humildad y un romance amoroso.

CAMELLO
Riqueza.

C

CAMINAR
Si sueña que camina rápidamente indica seguridad y firmeza en sus ideales; caminar lentamente significa timidez y miedo.

CAMINO
Seguir uno recto y trillado, signo de prosperidad; áspero y cenagoso, tendrás que superar muchos obstáculos; si se va estrechando y poniéndose en mal estado, los comerciantes te engañarán.

CAMISA
Porvenir próspero; llevar una camisa rasgada, aguardad una buena fortuna; quitarse la camisa, será desatendida vuestra demanda o habrá separación del ser amado. Perder la camisa, problemas en negocios y en los asuntos del corazón. Llevar sucia la camisa, peligra su sistema nervioso. Necesita cuidados.

CAMPANARIO
Presagio de disgusto o de peligros. Haga un alto para atender el problema.

CAMPANAS
Suceso inesperado para el que las oye; infamia para el que las toca.

CAMPANILLA
Tribulaciones.

CAMPIÑA
Viaje; habitar en ella, pérdida de bienes.

CAMPO
Yermo, vida solitaria y triste.

CAMPO, CAMPAMENTO (MILITAR)
Hallarse en un campamento indica persecuciones de parte de los enemigos. Formar parte de un campamento indica amistad franca y generosa. Ver un campamento, sin hallarse en él, denota valor y honor. Pasearse por un campamento es señal de distinción, gloria y recompensa.

CANARIO
Soñar con canarios es indicio de alegría inesperada, honores o distinciones.

CANASTILLO, CANASTA
Aumento de la familia. Visita de una buena amiga que llevamos mucho tiempo sin ver.

CÁNCER
Negocios fatales.

CANCIÓN
Escucharla, buena esperanza; entonar una, ilusiones frustradas.

CANDELA
Diversión, en el caso de que despida una luz brillante; si su luz es pálida, encarcelamiento o catástrofe; encenderla, alegría.

CANDELERO
Encendido: felicidad de la persona amada. Apagado: muerte de alguna persona querida. Con la llama vacilante: dificultades amorosas. Si el candelero tiene siete velas, vendrán males.

CANDILEJAS
Ver una sola encendida, es señal de dicha y alegría; si está apagada, indica miseria.

CANGREJOS
Enredos. Separación. Generalmente soñar con cangrejos indica que tendremos que hacer frente a diversos asuntos complicados y difíciles.

CANOA
Viajar en una de ellas, cambio de casa. Ver a otros en ella, soledad. Verla de lejos, noticia de un fallecimiento.

CANÓNIGO
Noticia triste.

CANSANCIO
No cejéis ante los obstáculos que se os presenten en vuestras empresas.

CANTAR
Si es hombre el que canta, esperanza; si es mujer, padeceres. Si es usted mismo quien canta, sus esperanzas se convertirán en penas. Para los casados, los celos pueden romper su matrimonio.

CÁNTICO
Dolencias.

C

CANTO
De pajarillos, placeres y amores.

CANTOR-A
Gemidos, suspiros.

CAÑA
Riesgo de ruina.

CÁÑAMO
Justo premio a vuestra laboriosidad.

CAÑÓN
Sorpresa o peligro; oírlo, destrucción.

CAOBA
Trabajo productivo. Comodidades.

CAPA
Dignidades.

CAPILLA
Noticia de un fallecimiento; construirla, contento; entrar en ella, dicha; rezar en ella, consuelo.

CAPÓN
Tristeza e impotencia.

CAPUCHINO
Reconciliación. Olvido de errores. Tenga cuidado, puede perder su fortuna.

CARA
Risueña de una joven, dicha. Las caras viejas y macilentas son de fatal agüero.

CARACOL
Ver un caracol en sueños indica honrosos encargos. Si tiene los cuernos excesivamente largos, infidelidad o adulterio. Pisarlo, conocerá a alguien a quien luego deseará no haber conocido.

CARACOLEAR
Hacer caracolear al caballo en sueños es indicio de afición a las excursiones y viajes.

CARBONES
Hechos ascuas, cambios favorables y placenteros; apagados, muerte.

CARBONERO
Haciendo carbón en el bosque, grave accidente que tal vez acarree la muerte. Compra de carbón: infidelidad, traición.

CÁRCEL
Si sueña que es encarcelado es indicio de que pasará por una etapa difícil en su vida: problemas y pleitos, conserve la calma. Soñar que sale de la cárcel significa salud y resolución de conflictos. Ver a otros en la cárcel indica que nos pedirán un favor muy desagradable.

CARDENAL
Rápido aumento, mejora.

CARDO
Cortarlos, denota pereza; punzarse presagia un insulto o una discordia.

CARESTÍA
Abundancia, bienes de fortuna. Consuelo de grandes pesares.

CARETA
Engaños. Falsos amigos.

CARIDAD
Practicarla, dicha; recibirla, desgracia.

CARNAVAL
Soñar con un carnaval significa que tendrá un encuentro inesperado con una persona que llevaba mucho tiempo sin ver. Acontecimientos felices.

CARNE
Si alguien sueña que su cuerpo aumenta en carnes, adquirirá grandes riquezas y ostentará un lujo extremo en el vestir; si, por el contrario, enflaquece, en breve sus comodidades irán seguidas de la mortificación; en ambos sentidos, este sueño anuncia a la mujer dicha o infortunio en su enlace; ver su carne negra o atezada, manifiesta al hombre que ha cometido una traición, y a la mujer, adulterio y divorcio; pálida o amarilla, predice una fiebre larga y terrible; llena de heridas o de gusanos, imponderables riquezas; soñar que comes carne humana, adquirirás un bien por medios ilícitos.
Soñar con carne cruda es indicio de muchos problemas y disgustos. Si está cocinada indica que existe un rival que persigue los mismos objetivos que usted. Si está podrida indica enfermedad y muerte.

C

CARNERO

Riqueza. Si un carnero padre os acomete, temed algún disgusto o humillación.

CARNICERÍA

Pérdida de hijos o de fortuna.

CARPINTERO

Soñar que vemos a un carpintero trabajar indica éxito legítimo, logrado con nuestro propio esfuerzo.

CARRERA

Soñar que se participa en una carrera y se gana, presagia éxitos en los negocios. Perder, indica que nuestros esfuerzos no darán el resultado apetecido.

CARRETA

Verla, indisposición; subir o bajar de ella, deshonor público o condena infamante.

CARRETERA

Soñar que se va por una carretera buena y recta es indicio de alegría y prosperidad. Si tiene muchas curvas y es peligrosa, cambios que no siempre serán favorables.

CARRETILLA

Brutalidad. Malos instintos. Tenerla a vuestro servicio: buena suerte. Prósperos negocios.

CARRETERO

Murmuraciones.

CARRETÓN

Pobreza. Labor. Acarrear o llevar en carretón es señal de que se hará un buen negocio pecuniario.

CARRILLOS

Muy abultados y encendidos, buena señal; flacos y descoloridos, súbita desgracia.

CARROZA

Riquezas para el que va dentro; altos honores si su tiro es de más de dos caballos; mediana o precaria fortuna para el que hace de lacayo; rápido avance en su profesión para el que la guía.

CARTAS

Escribirlas o recibirlas, buenas noticias. También puede indicar marcado interés por la literatura o la poesía.

CARTELES
Fijarlos, afrenta; leerlos, trabajo inútil. Pronto cambiará su vida.

CARTERA
Soñar que encuentra o pierde una cartera es indicio de problemas económicos.

CARTERISTA
Verlo en sueños indica que cierta persona pondrá a otros en su contra. Si le roba a usted, un amigo se convertirá en enemigo por las influencias de otros.

CARTERO
Noticias de un ausente.

CARTUCHOS
Desconfianza fundada. Recelo.

CASA
Poseer una, miseria; verla arder, disipación de bienes; verla edificar, desgracia, enfermedad o muerte. Edificarla uno mismo, cambio favorable. Caminar por una casa vacía, problemas y desgracias.

CASAMIENTO
Dicha pasajera; con la hermana, peligro; con una soltera, honores; con su mujer, provechos; con una viuda, perjuicios.

CASCADA
Soñar con una cascada limpia y bonita indica que se realizarán nuestros sueños.

CASCO
Llevarlo, esperanza. Ver muchos cascos: discordias familiares.

CASTIGO
Soñar que se sufre un castigo de cualquier tipo indica éxito y dinero pero no de un modo permanente.

CASTILLO
Descubrir uno, feliz agüero; habitar en él, falsa esperanza, tendencia a despegarse demasiado de la realidad de la vida diaria; verlo arder, peligra la vida de su propietario.

CATACUMBAS
Recuerde el rico que sueñe, lo mismo que el pobre, que no

es más que polvo, y no sea tan orgulloso ni tan prendado de sí mismo; si es pobre, felicidad en la otra vida.

CATAPLASMA
Peligrosa enfermedad de larga convalecencia.

CATECISMO
Sed caritativos y virtuosos, amad a vuestros semejantes y tomad como ejemplo a las personas honradas.

CAUTIVIDAD
Paciencia en la desgracia, ilusiones realizadas.

CAVERNA
Permaneceréis sumidos en la oscuridad pese a vuestros talentos, si no procuráis atesorar.

CAZA
Si cazáis, os han acusado de estafa; si volvéis de caza, confiad en importantes beneficios.

CAZUELA
Enamoramiento.

CEBADA
Beneficios. Riquezas.

CEBOLLAS
Comer o percibir su olor, revelación de cosas ocultas, o contiendas domésticas.
Verlas, indica que su éxito en la vida despertará muchas envidias de terceros.

CEDAZO
Usado: lujos excesivos e impropios; nuevo: economía doméstica.

CEDRO
Riqueza y larga vida.

CELOS
Estar poseído de ellos, signo de traición.

CEMENTERIO
Soñar con un cementerio limpio y bien arreglado indica fortuna y prosperidad, tal vez recuperación de alguna propiedad que ya creíamos perdida o recepción de noticias de amigos que creíamos muertos.

CENADOR
Cubierto de verdura, es señal de penas, aflicción, cuidados.

CENAR
Próxima enfermedad. Querella entre parientes. Con amigos: peligros graves.

CENCERRADA
Darla: pérdida de fortuna; recibirla: matrimonio desgraciado.

CENAGAL
Meterse o caer en él, indigencia.

CENIZA
Presagio de luto.

CENTENARIO
Honrad a los ancianos, y aprended de su experiencia. Herencia de un pariente lejano.

CENTINELA
Desconfianza, seguridad.

CEPILLO
Soñar con cualquier tipo de cepillo indica que pronto nos será encomendado un trabajo penoso pero provecho-

so, que conviene hacer con entusiasmo.

CERA
Prosperidad gracias al trabajo. Robo.

CERDO
Soñar con un cerdo significa ganancias en los negocios o aumento de sueldo. Si sueña que come carne de cerdo es señal de robo y pérdidas materiales. Oír los chillidos de un cerdo, noticias tristes. Excrementos de cerdo, abundancia.

CEREBRO
Sano, deseo y aptitud para aconsejar; enfermo, falta de espíritu y de prudencia.

CEREMONIA
Religiosa: devoción y sentimientos honrados. Pública: hombres y distinciones pasajeras.

CEREZAS
Verlas significa placer y salud; comerlas es anuncio de noticias; cuando son agrias indican lloros. Coger cerezas fuera

de temporada, disgustos a causa de un enemigo o de un antiguo amigo. Si al comer cerezas vemos que el hueso es un diamante, frustración.

CERILLAS
Soñar con cerillas indica que alguien te traerá alegría y felicidad. Prenderlas rascando es indicio de buenas noticias relativas a los negocios.

CERRADURA
Robo.

CERRAJERO
Pérdida ocasionada por descuido o negligencia. Porfía y ganarás el asunto.

CERROJO
Cuidados interiores.

CERTIFICADO
Pedirlo: honradez acrisolada. Darlo: probidad dudosa.

CERVECERÍA
Placeres y pereza.

CERVEZA
Fatiga sin provecho, en caso de que se beba. Ver beber a

otros indica que alguno de ellos tramará algo en contra de nosotros.

CESTA
Aumento de familia.

CETRO
Despotismo, tiranía, ambición. Ver muchos: miseria extrema.

CICATRIZ
Abierta, generosidad; cerrada, ingratitud; cruenta, sacrificio.

CICUTA
Tomarla: negocios prósperos. Verla tomar: desgracias familiares por muerte repentina.

CIEGO
Creerse ciego presagia un chasco o pérdida de un hijo; ver a un ciego, indicio de crimen próximo.

CIELO
Puro y sereno, cercano casamiento dichoso; rojizo, aumento de bienes; figurarse que se sube al cielo, alcanzará altos honores en la última etapa de su vida. Subir al cielo

por una escala indica éxitos. Si subiendo por esa misma escala no se logra alcanzar el punto deseado, es indicio de pérdidas.

CIENO
Muerte siniestra. Cuidado con una cáscara de fruta tirada en el suelo.

CIERVO
Soñar con este animal suele ser un buen presagio; por lo general indica felicidad para los casados y amores para los solteros. Si lo descubrís, confiad en algún lucro, si lo matáis, heredaréis algún bien.

CIFRAS
Si no llegan a noventa, incertidumbre; si exceden, logro. No lo cuente mucho.

CIGARRA
Su canto es funesto para los enfermos.

CIGARRO
Victoria para el que lo fuma, desgracia para el que lo apaga; confianza para quien lo enciende.

CIGÜEÑA
En verano, anuncia ladrones; en invierno, tempestad.

CIMA
Llegar a la cima de una montaña es un buen augurio. Pronto saldrá de todas las dificultades que le preocupan.

CINTAS
Soñar con cintas desplegadas indica una naturaleza jovial y feliz. Si la que sueña es una joven, indica que su amante es mucho mejor de lo que aparenta.

CINTURA
Ceñirla, abstinencia; soltarla, libertinaje. Tenga cuidado con la servidumbre.

CINTURÓN
Soñar que compra o usa un cinturón es señal de que debe ajustar sus gastos para obtener el mejor provecho de su sueldo.

CIPRÉS
Desgracias, si no tiene precaución.

C

CIRCUNCISIÓN
Si la practicáis, insultaréis a alguien; si la sufrís, vuestro honor será ultrajado.

CIRIO
Encendido: casamiento por inclinación, felicidad. Apagado: muerte de un ser querido.

CIRUELAS
Verlas en el árbol, alegría; comerlas fuera de temporada, trampas mujeriles; podridas, adversidades.

CIRUJANO
Soñar con un cirujano, significa que pronto se resolverá ese problema pendiente.

CISNE
Blanco, riqueza; negro, fracaso de familia; su canto, precede a la muerte.

CISTERNA
Caer en ella es signo de calumnia o de problemas originados por no saber hasta dónde podemos llegar exactamente con los demás.

CITA
Soñar que tiene una cita de negocios indica buenos planes de futuro, si sueña que concierta una cita romántica significa romance en puertas.

CIUDAD
Habitada, riqueza; incendiada, hambre; destruida, miseria. Soñar con una ciudad desconocida indica que muy pronto cambiaremos de lugar de residencia.

CIZAÑA
Ilusiones realizadas. Has vencido; sigue otro procedimiento si quieres vencer de nuevo. Saber lo que se hace, aplauso universal.

CLARABOYA
Amores contrariados.

CLARIDAD
Solución de un pleito; buenas noticias de un ausente.

CLARIVIDENCIA
Soñar que se posee este don indica próximo cambio de actividad, lo cual posiblemente nos genere enemistades.

Soñar que se consulta a un clarividente indica fricciones en las relaciones familiares.

CLIENTES
Si usted es propietario de un negocio y sueña con sus clientes es señal de prosperidad en el trabajo y buenas ganancias.

CLOACA
Verla, falsedad descubierta de una calumnia. Caer en ella: un hombre se casará con una mujer de ínfima condición para elevarla hasta su altura.

COBARDE
Disgustos, desgracias, postración, pésimo augurio.

COBARDÍA
Es señal de tribulaciones, malentendidos, pesares y problemas a su alrededor.

COBIJO
Soñar que bajo la lluvia se busca cobijo indica preocupaciones secretas; si se trata de una gran tormenta, sus planes actuales no prosperarán.

COBRE
Rojo: muerte o enfermedad muy grave. Amarillo: prosperidad material. Herencia.

COCER
Si es hombre significa inutilidad, avaricia. Si es mujer, indica sus buenas condiciones de ama de casa que salvarán la situación.

COCINAR
Si usted es mujer y sueña que cocina los alimentos es indicio de grandes alegrías y satisfacciones en lo familiar; si es hombre es señal de grandes y penosos trabajos.

COCIDO, PUCHERO
Soñar que se come, indica melancolía.

COLOSO
Orgullo fatal para el que crea serlo; honores para el que da con uno; constante prosperidad para el que lo derriba.

COLORES
Soñar con colores indica salud y optimismo: larga vida y grandes alegrías.

COCINAR
Guisar en una cocina indica habladuría de mujer.

COCODRILO
Amigo peligroso.

CÓDIGO
Su presencia indica que debes evitar un pleito que te amenaza. En el fondo está la solución.

CODO
Habladurías. Insolencias. Sorpresas desagradables.

CODORNICES
Soñar con codornices es un sueño muy favorable. Comerlas puede ser un indicio de excesiva generosidad, que debe ser controlada.

COFRE
Lleno, os invita a cuidar de vuestros intereses; vacío, os llegará dinero.

COHETES
Triunfo momentáneo.

COJERA
Verse a sí mismo o a uno de sus amigos cojo indica deshonra y mala suerte para la persona afectada, por causa de su despreocupación y abandono. También pérdida de una gran ayuda de la que hasta ahora habíamos disfrutado.

COL
Soñar con coles siempre suele ser un mal augurio. Si son verdes ello puede indicar problemas amorosos o infidelidad en el matrimonio. Recogerlas puede indicar sufrimientos y frustraciones.

COLA
Deshonra; cola de caballo larga y poblada, auxilio por parte de los amigos; cola desprendida o cortada del caballo, abandono de los mismos. Ver la cola de un animal, vejaciones. Cortar una cola: es imperioso controlar la lengua.

COLADOR
Si se hace uso de él: beneficios pagados. Prosperidad. Dicha familiar. Si está abandonado: desgracia.

COLCHÓN
Soñar con un colchón es indicio de nuevas obligaciones.

COLEGIO
Encontrarse en él, recibirás alguna lección; asistir, laudable modestia; llevar a él a los niños, darás buen ejemplo.

CÓLERA
Soñar que uno está terriblemente encolerizado es presagio de peleas con amigos que pueden llegar a la agresión física. Ver a otros en ese estado indica que nuestros negocios no están yendo como debieran. Si se trata de una joven la que se sueña así, indica que su pretendiente no es muy de fiar.

COLGADO O AHORCADO
Comer su carne predice fortuna y favores de un personaje importante, todo adquirido por medios indignos. Verlo anuncia temor.

CÓLICO
Disgustos domésticos.

COLINA
Placeres morales y diversiones lícitas. Amistad beneficiosa. Soñar que se asciende por una colina indica éxito en lo que estamos emprendiendo. Si se baja, significa justo lo contrario.

COLLAR
Soñar que se pierde un collar es signo de futuras penas. Si una mujer sueña que le regalan un collar, será feliz en su matrimonio.

COLMENA
Véase abejas.

COMADRONA
Soñar con una comadrona indica que estamos amenazados por la enfermedad hasta el punto de que puede peligrar nuestra vida. Tras un sueño de este tipo se deben dedicar todos los cuidados posibles a la salud del cuerpo.

COMER
Soñar que se está comiendo solo indica pérdidas y depresiones. Comer en compañía de otros, éxitos, felicidad y

C

empresas productivas. Soñar que se comen patatas y uno no es capaz de terminar todas las que hay en el plato, indica pérdidas por culpa de nuestro abandono e insuficientes cuidados.

COMIDA
Ver la comida servida sobre la mesa indica que usted deja que las cosas sin mucha importancia interfieran en las realmente importantes, malgastando así mucho tiempo y esfuerzo.

COMETA
Soñar que se vuela una cometa indica dispersión y poco juicio en asuntos de dinero. Si no se consigue elevar, desengaños y decepciones. Ver a niños volando cometas indica felicidad para el que sueña.

COMEZÓN
Soñar que se tiene comezón o picores en todo el cuerpo significa problemas en los negocios, tal vez causados por personas que interfieren en ellos con mala fe o que le aconsejan erróneamente.

COMISIONADO
Socorro y protección.

COMODIDAD
Vida tranquila, riqueza fácilmente obtenida.

COLUMNA
Si se desploma, predice la muerte de un gran personaje.

COLUMPIARSE
Presagio de familia numerosa. Si se rompe la cuerda, es señal de que os nacerá un bebé durante el año.

COLUMPIO
Casamiento dichoso.

COMADREJA
Anuncio de amor para una mujer. Una cita de café lo cambiará todo.

COMBATE
Si se toma parte en él, obstáculos en los negocios de importancia; apaciguar a los combatientes, desgracia familiar.

COMEDIA
Participar en ella, triste nueva; ser un mero espectador, logro en las empresas.

COMERCIO
Soñar con el comercio es señal de buen presagio y de prosperidad económica.

COMETA
Su aparición, contiendas o peligros; su caída, da origen a la miseria. Querellas. Discordia. Guerra. Peste o hambre. Se le presentará una magnífica oportunidad que usted debe aprovechar, para lo cual es necesario tener algo de dinero guardado.

CÓMICO
Soñar con un cómico es señal de doble personalidad; en ocasiones aparenta ser una persona diferente de su yo verdadero. Sea más sincero consigo mismo y con los demás.

COMILÓN
Revela malas cualidades. Disipación. Codicia.

COMISARIO
Verle: ayuda. Socorro oportuno. Llamarle: terquedad peligrosa.

CÓMODO
Eres aficionado en demasía a las comodidades, y tendrás el justo castigo que merece tu indolencia.

COMPADRE
Soñar con su compadre o comadre, indica buena relación afectiva y paz en su hogar.

COMPAÑERO
Ver en sueños a un antiguo compañero puede indicar ansiedades y tal vez enfermedad pasajera.

COMPÁS
Fatal agüero.

COMPOTA
Vida tranquila y feliz, salud floreciente. Placeres intensos.

COMPRAS
Soñar que se está comprando algo indica que vamos a

olvidar una cosa de importancia capital.

COMPROMISO

Demencia. Antes de seguir un consejo piensa que tú eres el responsable, y no el que te aconseja.

COMULGAR

Recibir la comunión es signo de seguridad en nuestros negocios.

COMUNIÓN

Negocio que colmará por completo vuestros deseos. Tenga cuidado con lo que dice.

CONCIERTO

Alegría y salud.

CONDECORACIÓN

Merecida: estima por parte de tus conciudadanos. Inmerecida: burla y desprecio.

CONDENADOS

Tristeza. Arrepentimiento. Fastidio. Melancolía. Enfermedad. El dinero ganado fácilmente se gasta de igual manera.

CONDUCIR

Soñar que conduce un vehículo en el que van su familia o amigos, por muy mal camino, indica futuros sucesos desagradables. Soñar que conduce acompañado de una mujer, indica disgustos. Llegar a un obstáculo imposible de franquear indica malas noticias relacionadas con su negocio.

CONEJO

Soñar con conejos suele ser un buen presagio. Es casi seguro que todo se va a ir acondicionando en nuestro favor. Tal vez recibamos una proposición amorosa a través de una carta. Si una mujer casada sueña con conejos es indicio de que aumentará la familia. Negro, indica desgracia; blanco, fortuna; perfecta salud, si se come conejo.

CONFESOR

Cuidad vuestros negocios.

CONFIRMACIÓN

Recibirla: tranquilidad de conciencia. Alma pura, justa recompensa.

CONFITURAS
Ventajas para el que las fabrica y también para el que las come.

CONSENTIMIENTO
Darlo: pérdidas materiales. Muerte de un ser querido. Mala cosecha.

CONSERVA
Cuida más de tu bolsillo, y adecua tus gastos a tus ingresos, si no quieres verte en la miseria.

CONSIGNA
Darla: carácter voluntarioso. Recibirla: sencillez de costumbres. Ejecutarla: honores. Premios merecidos.

CONSTIPADO
Enfermedad leve, disgustos pasajeros.

CONSTRUIR
Una casa: desgracia, enfermedad y muerte.

CONSULTA
Herencia.

CONTABLE
Suspensión momentánea de pagos.

CONTENTO
Desilusión. Ruina. Peligroso accidente.

CONTRIBUCIONES
Pagarlas: honra y mercedes justas por cumplimiento de un deber. Dejar de hacerlo: mal agüero.

CONVALECENCIA
Herencia próxima. Hijos, para la mujer. Casamiento feliz, para el hombre.

CONVENTO
Hospitalidad, tan ventajoso es darla como recibirla.

CONVERSIÓN
Un giro o cambio de actividades le vendrán bien. Salga de la rutina y se sentirá mejor.

CONVIDADOS
Tened mucho cuidado con vuestras compañías, que pueden ser perjudiciales.

C

CONVULSIONES
Quiebra fraudulenta de un deudor. Trabaje con más entusiasmo.

CORAL
Soñar con esta piedra es un mal presagio. Indica peligros, ya sea para el que sueña o para sus allegados.

CORAZA
Llevarla, sed prudentes; quitársela, está ya libre de peligro; verla, dificultades que vencer.

CORAZÓN
Afligido, peligrosa enfermedad; herido, daño para el marido si es mujer la que sueña, y para su padre o amante, si está soltera; falta de espíritu o de corazón, muerte cercana.

CORBATA
Soñar con una corbata es señal de honores y grandes satisfacciones.

CORCHO
La habilidad de una persona evitará la ruina de otras.

CORDERO
Su presencia indica consuelo; sus caricias dan origen a la esperanza; verlo morir, tristeza; llevar uno en la espalda, dicha; oírlo hablar, dolor y pérdida. No descuide a sus hijos.

CORNETA
Indica alegría, pero se debe tener cuidado con los oídos. No debe dar limosnas sin saber a quién se las da.

CORONA
Verse una de oro en la cabeza, anuncia honores; una de plata, perfecta salud; una de ramas verdes, dignidades pasajeras; una de huesos, muerte. No crea en las brujerías.

CORONEL
Indigencia.

CORRAL
Cuidarlo: justo premio de la laboriosidad del que sueña. Descuidarlo: amor no correspondido.

CORREAS
Ceñirlas, prudencia; quitarlas, estorbos. Un gato cambiará su vida.

CORRECCIÓN
Justo castigo para su enemigo ejecutado por la justicia. Tenga paciencia y lo verá.

CORREDOR
Es indispensable que usted tenga cuidado con los nuevos métodos deportivos, si desea tener éxito en sus propósitos. Lea con cuidado los periódicos, en ellos encontrará consejos para lo que se propone.

CORREO
Casamiento apresurado para evitar contratiempos.

CORRER
Presagio feliz; desnudo, perfidia; correr tras los enemigos, victoria; ver a varios individuos correr detrás unos de otros, problemas; si son muchachos, dicha; si van provistos de armas o garrotes, signo de desafío; si el que sueña que corre es mujer caerá en una debilidad; si es un enfermo, que procure cuidarse; querer correr y no poder moverse, indisposiciones.

CORRESPONDENCIA
Soñar que recibe correspondencia es señal de que las personas que lo rodean lo apoyarán.

CORSÉ
Disciplina. Orden. Sujeción.

CORTAPLUMAS
Soñar con él significa inconstancia, infidelidad conyugal.

CORTAR
Suele ser buen augurio. Cada cosa que se corta significa un regalo.

CORTINA
Corrida: honradez. Cerrada: secretos. Doblez.

COSER
Soñar que se cosen y se reparan prendas viejas indica disgustos. Si lo que se cose es nuevo, alegría y satisfacciones.

C

COSTADO

Si está hinchado, es signo de riqueza para la mujer o el marido.

COSTILLAS

A pedazos, riñas entre esposos o parientes; robustas, felicidad conyugal y de la familia.

COSTURERA

Joven y bonita: placeres materiales. Vieja y fea: reflexión.

COTORRA

Indiscreción. Sujete la lengua.

CRÉDITOS

Tenerlos y reclamarlos indica angustias y miseria.

CREMA

Engaños de mujer. Falso amor.

CRESPÓN

Llevarlo: peligro, cobardía.

CRIADOS O SIRVIENTES

Véase Lacayos.

CRIATURAS

Ver los pies de las suyas, indica alegría, provecho, salud, consuelo.

CRIMEN

Soñar con un crimen es presagio de grandes dificultades en su vida. Preocupación y angustia.

CRIMINAL

Soñar que vemos huir a alguien que acaba de cometer un crimen indica que vamos a ser molestados por amigos que desean usar nuestra influencia en su propio provecho. Soñar que capturamos a un criminal indica que conocerás ciertos secretos que van a afectar tu libertad.

CRISTAL

Amistad, aprecio o amor aparente. Mirar a través de un cristal es mal augurio. Generalmente tiene que ver con noticias negativas originadas por nuestros propios actos.

CRUCIFIJO

Soñar con un crucifijo significa problemas que serán solucionados. Buen augurio y felicidad.

CRUELDAD
Realizar un acto de crueldad anuncia tristeza y descontento.

CRUZ
Soñar con una cruz indica próximos problemas y dificultades.

CUADERNOS O FOLLETOS
Amor a las ciencias y a las artes.

CUADRA
Hospitalidad. Acogida.

CUADRO
De vivos colores, desgracia en el amor; oscuro, temed una infidelidad. Pintar cuadros, mucho trabajo para nada.

CUARENTENA
Hacerla: presagia descuidos. Locura.

CUARESMA
Seguida fielmente: honradez. Honores. No observarla: maldad. Desprecio de las gentes honradas.

CUARTEL
Patriotismo. Valor.

CUBA
Repleta de vino, dicha; de agua, muerte.

CUBILETE
Estad alerta, porque intentan robaros. Sus proyectos no son descabellados pero debe usted trabajar con mucha energía para no fracasar en el negocio.

CUBO
Soñar con una gran cantidad de cubos vacíos es indicio de tiempos poco prósperos. Si sueña que lleva un cubo lleno de algo, el éxito le acompañará. En general significa penas, si está lleno. Vacío, presentimientos funestos. Llenarlo de agua limpia: buen momento para poner en práctica un plan.

CUCHARA
De oro: lujo desmedido, ruina; de plata: buena posición. De estaño, felicidad pasajera. De madera: buenos consejos. Cubiertos robados: traición.

C

CUCHILLOS

Injurias. Querellas. Verlos cruzados: riña, muerte. Recibir una cuchillada en la garganta: injurias y violencias. En general no es bueno soñar con cuchillos pues siempre indican peleas y separaciones. Si se sueña que uno da una cuchillada a otro, ello indica que la persona que sueña no tiene una clara conciencia de lo que está bien y lo que está mal y deberá tratar de esforzarse en aclarar sus valores.

CUCLILLO

Placeres y perfecta salud para el que lo oye. No sea inocente.

CUELLO

Honor, fortuna, éxito si es largo, grueso y bien conformado; desgracia y vergüenza, si es flaco e inclinado; verse atar por el cuello, anuncio de cercana esclavitud; ser cuellicorto, presagio de infortunio; tener en él un absceso, enfermedad; tres cabezas en un solo cuello, dignidades.

CUERDA

Soñar que se está escalando una cuerda y llegar al punto deseado es indicio de que se vencerán todos los enemigos y dificultades. Si no se llega a alcanzar el objetivo, influencias negativas de falsos amigos. Verse caminando sobre una cuerda floja, éxito en negocios especulativos. Ver a otros en este menester, beneficios gracias a la ayuda de terceros. Verse saltando una cuerda, alta estima y gran amistad.

CUERNOS

En la cabeza de otro, peligro para el que sueña; en la suya propia, dominación; los cuernos de un animal salvaje son indicio de cólera y orgullo.

CUERO

Ver montones de cuero indica fortuna y felicidad. Curtir pieles: gastos beneficiosos.

CUERPO

Si es robusto, felicidades; si se cae, temed alguna mudanza; enteramente desnudo, honestidad.

CUERVO

Soñar con cuervos no suele ser muy buen presagio. Su presencia hace temer un adulterio, y precede a una desgracia; su vuelo indica un peligro mortal. Matar un cuervo, peleas.

CUIDADO

Amor sincero. Felicidad.

CUMPLIDOS

Decirlos, engaño inútil; recibirlos, lisonja perjudicial.

CUNA

De niño, fecundidad; hecha de hierbas, zozobras.

CUÑADA

Disgustos entre parientes o amigos.

CUPIDO

Señal de que va a herir a alguno de tu familia. Verle cojo o herido, fin de un antiguo amor; verlo llorando, hay que tener cuidado con el amor que nos preocupa.

CÚPULA

De una iglesia: indica un tesoro escondido, que debéis buscar.

CURIOSIDAD

Excitarla, próxima burla; ser curioso, inquietudes por causa propia.

CHAL

Soñar con un chal indica que tendrá noticias de una muerte ya esperada.

CHALECO

Cuida más de tu bolsillo y de despilfarrar menos en adornarte y tus asuntos irán mejor. Existen los bancos donde se puede ahorrar dinero.

CHAMPÚ

Soñar que vemos a alguien a quien le están lavando la cabeza indica que se nos pedirá que realicemos algo muy por debajo de nuestro rango. Si somos nosotros quienes realizamos esa acción es señal de que debemos ser más discretos a fin de no levantar habladurías por culpa de nuestros actos.

C

CHAQUETA
Nueva: paz en la familia; usada: buena salud.

CHARLA
Murmuraciones sin cuento; si sueñas que estás charlando, tendrás unas intenciones perversas; si oyes gran cháchara cerca de ti, procura no murmurar del prójimo.

CHARLATÁN
Escucharle, falta de dotes intelectuales; comprar sus mercancías el que sueña, desilusiones, disgusto, enfermedades.

CHARRETERAS
Si es hombre el que sueña, indica legítima ambición, elevación de miras; si es muchacha, casamiento con un oficial del ejército.

CHIMENEA
Encendida, felicidad accidental; felices lances para el que sube por su cañón.

CHINA-O
Largos viajes. Negocios prósperos.

CHINCHES
Bochornos de todas clases.

CHOCOLATE
Hacerlo o tomarlo, salud y satisfacción. Se avecina un cambio en su vida. Ver chocolate indica que podrá proveer holgadamente de todo lo necesario a quienes dependen de usted.

CHORIZOS
Hacerlos, fuerte pasión; comerlos, amorcillos para los jóvenes y perfecta salud para los ancianos.

CHORRO DE AGUA
Falsa alegría.

CHULETA
De carnero: buena salud. De ternera: salud enfermiza; comerla: convalecencia rápida.

CHURROS
Soñar que se comen churros es signo de enfermedad o problemas amorosos.

Los Mil y un SUEÑOS

DÁDIVAS

Recibirlas de un poderoso, cambio de fortuna; de un hombre, sanos consejos; de una mujer, amistad; de un joven, desgracias; de una joven, penas; ofrecerlas, ingratitud.

DADO

Pérdida de dinero.

DADOS

Soñar que se juega a los dados significa derroche o dinero mal empleado. Por ahora no es conveniente que juegue a la lotería.

DAGA

Ver una daga en sueños o ser atacado con ella habla de enemigos. Si se logra vencer al atacante, ello indica que se saldrá airoso de las dificultades, venciendo a tales enemigos.

DAMAS
Jugar a ellas, próximas rencillas con un amigo; ganar, fortuna; perder, lo contrario.

DANZA
Amistad y logro.

DAR
Véase el nombre de la cosa que se da.

DÁTIL
Placeres. Comerlos: buena salud.

DEBILIDAD
Si la que sueña es mujer, se casará con un anciano enfermizo. Si es hombre, desgracias, pérdidas en los negocios.

DECENCIA
Se nos mostrará consideración; falto de ella, afrenta pública.

DECISIÓN
Si sueña que carece de decisión, ello es indicio de que en la vida real su capacidad decisoria es muy firme.

DECLARACIÓN
Hacerla: empresa falaz; recibirla, te tenderán una trampa.

DEDAL
Indica que en vano se buscará labor. Tu sueño indica que lloverán sobre ti los problemas. Los casamientos efectuados de prisa ocasionan dificultades, no así los hechos con calma.

DEDO
Soñar con los dedos de la mano suele ser siempre un buen augurio, salvo que se sueñe que se los cortan o dañan, lo cual indicaría grandes trabajos y sufrimientos.

DEFECAR
Anuncia dinero. Cualquier sueño relacionado con excrementos es indicio de bonanza económica.

DEFENSOR
Pérdida de bienes, o muerte de un pariente.

D

DEFORMIDAD
Burlarse de un deforme indica mal corazón y estupidez.

DEGÜELLO
Pérdida de hijos o bienes.

DELANTAL
Si tiene servicio doméstico, deberá atenderlo y vigilarlo muy de cerca.

DELATAR
Afrenta para el delator. Enfermedad grave para la víctima.

DEMONIO
Soñar con demonios, significa que tendrá una época difícil en su vida. Mal momento para invertir. Negocios improductivos. Tristeza y melancolía. Dificultades. Influencias malignas —tal vez amigos envidiosos— lo amenazan.

DENTISTA
Soñar que acude al dentista, indica sufrimientos que concluirán muy pronto. Problemas resueltos. Sin embargo, para otros significa que uno de nuestros supuestos amigos no es digno de tal amistad.

DEPORTACIÓN
Ligeros disgustos.

DEPÓSITO
Si lo confías a alguien, reflexiona con madurez antes de hacerlo.

DERRAMAR
Vino o licores: incapacidad para lo que se emprende.

DESAFÍO
Asistir a uno, enredo familiar o rivalidad de amigos; batirse en duelo, fatal obstinación; ser herido, fuertes disgustos; caer muerto, divorcio o pérdida de un amigo; matar a alguien, luto por un miembro de la familia.

DESAZÓN
Desgracia temida que se convertirá en ventura.

DESCALZO
Verse descalzo presagia sufrimientos prolongados.

DESCANSO
Inminente miseria.

DESCARO
De mujer: imprudencia. De hombre: provocación y duelo fatal.

DESCENDENCIA
Soñar con los propios hijos y nietos es signo de felicidad y de amor paternal. Soñar con crías de animales indica energías que contribuirán a la prosperidad del que sueña.

DESCENDER
De una montaña: pérdida de honores y quebrantos materiales.

DESCONFIANZA
Tenerla: desdichas y muerte en la familia. Ser objeto de ella: pureza de intención. Honradez.

DESCONOCIDO
Soñar con un desconocido es indicio de ingratitudes y traiciones.

DESCUIDO
Amores ilegales descubiertos.

DESEMBARCO
Huida por temor a ser apresado.

DESENFRENO
Analízate a ti mismo, si no quieres verte perdido. Si ves gente desenfrenada procura no imitarla.

DESENTERRAR
Si sueña que desentierra a sus muertos, indica que debe orar por ellos.

DESERTOR
Noticia de una persona que está ausente.

DESESPERACIÓN
Inesperada alegría; ver que alguien se desespera, serás llamado para consolarlo.

DESGARRO
Véase rasguño.

DESHEREDAR
Soñar que somos desheredados es indicio de pronta llegada de dinero de origen insospechado.

DESHIELO
Miseria, para el rico. Riqueza para el labrador. Buenos negocios para el comerciante.

DESHOLLINADOR
Falsa acusación.

DESIERTO
Soñar que se camina por el inmenso desierto presagia pérdidas económicas y posiblemente incluso riesgo de perder la vida.

DESMAYO
Soñar que se desmaya es señal de pérdidas, ya sea de amigos, familiares, económicas, etc.

DESMENTIR
Desgracias. Para el enamorado, pérdida de su amada; para el padre, del hijo; para el rico, de sus bienes.

DESNUDARSE
Una mujer, próxima deshonestidad; desnudarse ante otro, inminente escándalo; solo y en su cuarto, misterio descubierto.

DESNUDO
Generalmente soñar que se transita desnudo por las calles es indicio de frío, de dormir destapado en época fría o sin suficiente abrigo. Puede también significar desilusión por los parientes o los amigos; encuentro con una persona desnuda, indicio de negocio ventajoso; ver a una mujer desnuda, honor y alegría. Soñar que se descubre de repente la desnudez de uno, tratando entonces por todos los medios de ocultarse, es indicio de humillaciones sufridas como consecuencia de una conducta excesivamente indulgente y dada a los placeres ilícitos. Es un aviso a fin de controlar tales deseos e inclinaciones. Soñar que se está corriendo y se pierden las prendas de vestir en plena carrera indica problemas causados por una mujer que no nos gusta pero que se empeña en imponernos su presencia. Ver a otros desnudos indica que hay personas que se esfuerzan por apartarnos del camino correcto. Soñar con una mujer de dudosa reputación ligera de

ropa, peligro de vernos atrapados en sus redes.

DESOBEDIENCIA
Toda señal o acto desobediente indica la esclavitud que se sufrirá o que se experimenta ya.

DESORDEN
Sembrarlo, miseria; contemplarlo, disgustos.

DESPEDAZAR
Buena fortuna. Consuelo para las penas del que sueña.

DESPENSA O ALACENA
Indica que la dueña de la casa caerá enferma.

DESTIERRO
Ver conducir a uno, aflicción; ser llevado, superación de todos los obstáculos.

DESTINO
Cambio de éste: prosperidad y bienes materiales.

DESTITUCIÓN
Del que sueña: fortunas inesperadas. De otro: enfermedad pasajera.

DESTROZAR
Logro, auxiliados de vuestros amigos.

DESVANECIMIENTO
Dulce deleite.

DEUDAS
Soñar que se tienen deudas indica que pronto se verá libre de ellas. Soñar que otro le debe a usted significa satisfacciones económicas.

DETONACIÓN
Fanfarronería y peligro.

DÍA
Soñar que se ve la luz del día: pronóstico feliz.

DIABLO
Verlo, noticia pérfida; batirse con él, daño inminente; derribarlo, triunfo cierto; ser llamado por el diablo, desgracia. Enfermedad o muerte para el que lo sueña; ser llevado por el diablo, presagio funesto.

DIADEMA
Soñar que se ciñe una diadema, ilustres dignidades; verla en la cabeza de algún hijo,

pariente o amigo, alcanzarán grandes honores.

DIAMANTE

Soñar que se lleva un diamante puede indicar que quien sueña es engañado en el amor, que el amor manifestado hacia él no es sincero. Generalmente si el que sueña es un hombre, ya sea que los lleve o que trabaje con diamantes, es indicio de fortuna y éxito, de llegar a una elevada posición en la vida. En general suele ser un buen presagio, salvo que sueñe que los pierde.

DIARREA

Disgustos. Desconfía de ganar.

DIBUJAR

Ana amistad mantenida durante mucho tiempo se terminará por culpa de una mujer. Si sueña que pinta en el campo, magníficos resultados.

DIBUJO

Amistad de mujer hermosa.

DICCIONARIO

Hojear uno, contrariedades.

DIENTE

Si os extraen un diente, presagio de afrenta; si en dicha operación no fluye ni una sola gota de sangre, presagio de muerte; verse los dientes más hermosos de lo que son en realidad, mejora económica; si se te cae un diente, pérdida del trabajo o muerte del padre. Si los dientes están flojos, asuntos desagradables a los que tendrás que hacer frente. Escupir los dientes, enfermedad y penas en la familia. Un diente más largo que los demás, disgustos por culpa de un familiar. Soñar que se tienen dientes blancos y hermosos cuando en realidad no es así, salud y prosperidad. Tener todos los dientes excesivamente largos, querellas y juicios.

DIFAMACIÓN

Difamar a otro: acción perversa por nuestra parte. Malas inclinaciones. Ser difamado: desgracias.

DILUVIO

Desgracias en la familia y en los negocios.

DIMISIÓN
De un cargo por el que sueña: tranquilidad después de grandes trastornos. Cambio benéfico.

DINERO
Soñar que recibe dinero indica prosperidad en los negocios. Soñar que alguien le dice que recibirá dinero indica decepciones y desengaños con respecto al dinero que espera. Soñar que lo encuentra, preocupaciones y problemas. Pagarlo a otro, posibles pérdidas. Perderlo, desgracia familiar. Contarlo y descubrir que falta, dificultades para hacer frente a sus pagos. Robarlo, aviso de que sea muy consciente de sus actos. Ahorrarlo, comodidad y abundancia. Falsificarlo, vergüenza y penas. Soñar que traga dinero, peligro de convertirse en avaro.

DIOS
Rogar a Dios, consuelo; hablarle, dicha; recibir su bendición, prosperidad invariable.

DISCORDIA
Soñar con discordias es indicio de próximos problemas de salud sin demasiada importancia.

DISCURSO
Tiempo perdido en caso de que se escuche; si se pronuncia uno, ya sea favorable o contrario al prójimo, obraremos contra nosotros mismos.

DISFRAZ
Alegría engañosa.

DISIPACIÓN
Mal augurio. Si no cuidas de tus gastos y de vigilar los ingresos, estás perdido sin remedio.

DISOLUCIÓN
Feliz empresa.

DISPARO
Oír el disparo de un arma indica problemas en el trabajo. Dispararla uno mismo, desgracia. Soñar con pistolas es siempre un mal presagio.

DISPUTA
De mujeres, celos; de hombres, penas.

D

DISTRIBUIR
Buena fortuna. Si tiene propiedades en el campo, excelentes cosechas.

DIVERSIÓN
Partido ventajoso perdido, por excesiva afición a las diversiones.

DIVERTIRSE
Soñar que se divierte indica alegría engañosa.

DIVORCIO
Soñar que se rompe el vínculo matrimonial indica descontentos entre los cónyuges. Es aconsejable poner el máximo de buena voluntad por ambas partes a fin de evitar que llegue a convertirse en realidad.

DOCTOR
Soñar con un médico es buen presagio, suele indicar prosperidad y buena salud especialmente si éste es amable y no nos cuesta mucho dinero su consulta. Soñar que se manda llamar a un médico por hallarse enfermo puede significar fricciones entre la familia. Soñar que nos corta pero no sale sangre de la herida indica que nos veremos importunados por alguien que desea conseguir dinero a costa nuestra. Las interpretaciones del significado de este sueño suelen ser muy diversas. Ver también «médico».

DOLENCIA
Salud precaria, que reclama serios cuidados. No se case por interés.

DOLOR
Si sueña que le duele alguna parte de su organismo representa próximas contrariedades y problemas. También que va a lamentar algún asunto trivial que realmente no merecía la pena. Ver a otros con dolor significa que estamos haciendo crecer una ambición equivocada.

DOLORES
Indican que se saldrá airoso de una prueba. Dolor de cabeza significa que se es demasiado franco al manifestar sus intenciones en los negocios, mientras que los demás no lo hacen

así. Dolor de estómago, véase estómago.

DOMINGO
En estos días son infructuosos cuantos proyectos se sueñen.

DOMINÓ
Placeres lícitos.

DONACIÓN
Hacerla: caritativos sentimientos. Recibirla: negocios prósperos. Herencia.

DONCELLA
Deleite, pero vea bien quién es.

DORADOS
El color dorado suele indicar siempre beneficios.

DORMIR
Soñar que se duerme con un negro o un hombre feo y repugnante, indica sinsabores y enfermedad; con un buen mozo, pena, fastidio, engaños, pérdida; con una mujer que nos guste, es presagio de muerte de la esposa o de la madre; con una mujer agradable y bella, es señal de traición y de acechanzas; con una

mujer de mala vida, seguridad. Dormir con su marido (si éste se halla ausente) es señal de malas noticias.

DOTE
Casamiento desgraciado. Si es modesta: dicha conyugal.

DRAGÓN
Útil protector, anciano y con dinero.

DROMEDARIO
Vendrán bienes; hallarse montado en él, cercano ascenso; si está muerto, noticia fatal.

DUELO
Soñar que toma parte en un duelo indica próxima boda en la familia o bien una nueva amistad que le pedirá su ayuda para sacar adelante un asunto.

DUENDE
Enredo por habladurías de criados o vecinos.

DULCES
Felicidad engañosa, tristeza, falsas adulaciones, amor pérfido.

E

Los Mil y un SUEÑOS

EBANISTA
Orden. Arreglo. Buena disposición de las cosas. Trabajo productivo.

EBRIO
Soñar hallarse ebrio, salud y riqueza; estar borracho sin haber bebido vino es un signo fatal, debiéndose además procurar no cometer la más mínima acción irregular; haberse alterado con vino generoso, pronostica la amistad provechosa de un gran personaje; estar ebrio y vomitar, pérdida de sus bienes por la fuerza o por el juego.

ECLIPSE
Solar, considerable pérdida; lunar, ligero perjuicio.

ECO
Sordera. Ella es la culpable.

EDIFICAR

Una casa: fastidio, pérdidas. Enfermedad.

EDIFICIO

Concluido: contrariedades pasajeras. Habitado: buen augurio para el que sueña. Deshabitado: pérdidas materiales. Ver un edificio muy grande presagia que pronto conoceremos a alguien que llegará a ser una amistad íntima. Si la que sueña es una mujer, indica un nuevo admirador.

EGIPTO

Soñar con signos egipcios es indicio de un gran interés por los asuntos del ocultismo. Es conveniente que siga sus inclinaciones en este campo sin hacer gran publicidad de ello.

EJE

Energía de carácter. Roto: inconstancia. Muerte de alguna persona querida.

EJECUCIÓN

Si se presencia una ejecución capital, es indicio de próximo socorro hacia un desvalido por parte de la persona que sueña. Si el que sueña va a ser ejecutado pero es salvado por alguien, es indicio de que se vencerá a todos los enemigos y dificultades.

EJÉRCITO

Victorioso, excelente pronóstico; vencido, fatal agüero.

ELECTOR

Ser: amor propio. No serlo: humillación. Su vida peligra.

ELECTRICIDAD

Amor veleidoso de una persona que nos traerá de cabeza. ¡Cuidado!

ELEFANTE

Ver uno, temor y peligro por los bienes del que sueña; darle de comer o de beber, poderosa protección; montarlo, acontecimiento feliz. Soltarlo, próximos cambios en nuestra vida.

ELEGANCIA

No te dejes arrastrar por sentimientos vanidosos, y recuerda que naciste para algo más serio que el simple lucimiento vano.

ELIXIR
Excelentes disposiciones para ocupar altos puestos. Esposa bella y de gran valor.

ELOGIAR
A alguien, lisonja inútil; ser elogiado, engaño perjudicial.

EMBAJADOR
Vuestros negocios están en manos de pérfidos amigos. Seréis engañados por el más astuto o más hipócrita.

EMBALAJE
Industria floreciente. Buen augurio.

EMBALSAMAR
Peligrosa enfermedad.

EMBARAZO
Si un marido sueña que su esposa está embarazada y realmente es así, indica parto feliz y poco doloroso. Si una mujer sueña que está embarazada, obstáculos y malentendidos. Si es una soltera quien lo sueña, el matrimonio que tiene en mente sería desastroso.

EMBARCACIÓN
Navegando por aguas cristalinas: útil y beneficiosa empresa. Por aguas turbias: discordia. Tempestad en alta mar, miedo. La mujer que sueñe que cae al agua y la salva un hombre, puede estar segura de que ése será su marido.

EMBARCADERO
De hierro: buena señal; indica fortuna, que quizá se vea comprometida por tu falta de previsión.

EMBARCO
Traición urdida que redundará en perjuicio del traidor.

EMBARGO
Si sueñas que tus bienes son embargados, paga pronto tus deudas para no verte desacreditado.

EMBOSCADA
Necesidad de tomar precauciones.

EMBOTAMIENTO
Entorpecimiento. De un miembro o de los sentidos: trabajo, fatiga. Angustia.

EMBOZADO
Secreto descubierto.

EMBRIAGUEZ
Si el borracho es el que sueña, opulencia y buena salud. Si se ve en sueños un solo borracho, infidelidad de mujer; si son varios, pérdidas en el juego. La embriaguez acompañada de dolores de corazón y de padecimientos internos, es siempre señal de robos y pérdidas domésticas.

EMBUDO
Pérdida de intereses.

EMPALIZADAS
Impedimento repentino. Saltar por encima de ellas o salvarlas indica seguridad, fortuna, triunfo.

EMPEINE
Riqueza, pero no de lotería.

EMPEÑO
Soñar que se han empeñado ciertos objetos indica mala administración familiar. Soñar que se están desempeñando es indicio de que finalmente se está yendo en la dirección correcta.

EMPERADOR
Ver uno, hablar con él, anuncia un proyecto de evasión; también indica inquietudes.

EMPERATRIZ
Pérdida de empleo, de dignidades, de reputación.

EMPLEO
Solicitarlo: dolor. Conseguirlo: obstáculos en alguna empresa. Perderlo: adelanto en los negocios. Si una mujer sueña que contrae matrimonio con un empleado, será feliz.

EMPRESA
Soñar que se constituye una gran empresa, recelad de la que tengáis entre manos.

ENANO
Ataque de enemigos débiles y ridículos.

ENCAJE

Soñar con encajes es buena señal. Ver a su novia con encajes indica amor sincero y feliz. Verse comprando encajes significa próximo matrimonio con una persona rica. Si ya está casado-a indica que se hará rico.

ENCARAMARSE

A un árbol: indica que pronto se conseguirá el empleo que se solicita.

ENCARGO

Ruina evitada por una iniciativa acertada. Misantropía, inclinación al crimen.

ENCENDEDOR

Indica que se aproxima un nuevo romance, pero peligroso.

ENCINA

Si es frondosa, anuncia riqueza y larga vida. Si está derribada, es señal de que vuestros bienes peligran. Si carece de hojas, predice posibilidades de ruina.

ENEMIGO

Soñar que se encuentra con alguien enemistado y usted se disculpa ante él sin que éste admita sus disculpas, indica decepciones en los negocios. Soñar que se vence a los enemigos es señal de prosperidad y riqueza. Vencer al enemigo siempre suele ser un feliz augurio.

ENFERMEDAD

Soñar que se está enfermo indica tristeza y penas. Atender a un enfermo, alegría, provecho y felicidad. Ver enfermo a un miembro de la familia, placer inesperado que acabará en penas.

ENFERMERA

Salud. Seguridad. Tenga en cuenta el color blanco.

ENFERMO

Estarlo uno mismo, indica tristeza, prisión. Atender a un enfermo y consolarle, presagia alegría, provecho, dicha.

ENFLAQUECER
Y EXTENUARSE
Penas. Pleitos. Pérdidas de bienes. Peligro de enfermedad.

ENFLAQUECIMIENTO
Enflaquecer habiendo estado gordo, indica que si el que sueña es rico, empobrecerá o fingirá que es pobre. Si quien sueña es pobre, caerá en una extrema miseria. Si es una mujer casada, es señal de que perderá el cariño de su marido y de sus parientes.

ENGORDAR
Soñar que se engorda mucho significa próximo cambio de domicilio o de trabajo.

ENSALADA
Ver una ensalada en sueños es indicio de que seremos molestados por personas desagradables.

ENTIERRO
Soñar ser enterrado vivo, signo de larga miseria; acompañar a un muerto al sepulcro, puede confiar en una ventajosa unión.

ENTORPECIMIENTO
Véase embotamiento.

ENTRAMPAR
Reyertas y disputas familiares. Dinero prestado es dinero regalado.

ENTRAÑAS
Descubiertas y palpitantes, buen pronóstico; verse uno mismo las suyas, triste nueva o luto para alguno de vuestros amigos más íntimos.

ENVENENADO
Verlo: préstamo que harás a un amigo, que te devolverá con creces.

ENVIDIA
Soñar que se siente envidia de su cónyuge indica que ciertas personas lo están influenciando para que usted no actúe correctamente. Si es una mujer quien sueña que envidia a su esposo, es indicio de que no cumple debidamente sus obligaciones domésticas. En general soñar con envidia siempre tiene que ver con sentimientos desagradables causados por el trabajo.

E

EPITAFIO
Victoria amorosa.

EQUIPAJE
Roto: vejez prematura. Nuevo: juventud loca. Viejo: pubertad llena de enfermedades. Soñar que se pierde el equipaje indica problemas, tal vez de tipo familiar. Si es un joven el que sueña, disgustos amorosos.

ERMITA, ERMITAÑO
Ver un ermitaño, un fraile o una monja indica traición de parte de un falso amigo. Soñar que se es ermitaño es señal de calma en las pasiones. Acostarse con el sayal de ermitaño, indica piedad sincera.

ESCALERA DE MANO
Subir por ella, indica éxito en los negocios. Bajar, tormentos y penas. Caerse de ella, indica que sus planes serán infructuosos.

ESCALERA
Subir, dignidades; bajar, tormentos.

ESCÁNDALO
Verse implicado en un escándalo indica que sus amigos no son todo lo discretos que deberían, por lo cual sus asuntos pueden llegar a ser del dominio público.

ESCANTILLÓN
Desmesurada grandeza.

ESCARLATA
Ver o llevar vestidos de este color, indica dignidad. Poder considerable, autoridad.

ESCAROLA
Comerla, disgustos y contrariedades en los negocios. No hay seguridad absoluta.

ESCOMBROS
Barrer los escombros o basuras es pronóstico de fuga de la casa paterna.

ESCORPIÓN
Soñar con un escorpión indica miedo. Mejor no confíe ciegamente en nadie, ni siquiera en sus mejores amigos. La discreción será su mejor defensa.

ESCOZOR
Próxima culpa.

ESCRIBANO
Accidente al salir de casa.

ESCRIBIR
Una carta, noticias; un memorial, acusación.

ESCUADRA
(Instrumento). Próxima injusticia.

ESCUELA
Encontrarse en ella, recibiréis una lección; ir, laudable modestia; llevar a los niños, darás buen ejemplo. Visitar la escuela a la que asistimos de niños, pequeños problemas.

ESCULTOR
Soñar con un escultor es indicio de un cambio en su vocación, algo de suma importancia que no debe dejar pasar.

ESCUPIDERA
Amistad reanudada por motivos de herencia.

ESFUERZO
De cualquier clase que sea, indica un trabajo inútil.

ESLABÓN
Lustre y esplendor pasajero.

ESMALTE
Carta empezada y no concluida.

ESMERALDA
Próspero porvenir. Perderla, mal augurio.

ESPADA
Traición para quien la ve, poder para el que la tiene; peligro para el que es herido.

ESPALDAS
Verse las espaldas, desdicha y vejez anticipada; soñar que se tiene fracturada la espalda o llena de heridas, vuestros enemigos os dañarán o se reirán de vosotros; tenerla hinchada, riqueza; magullada, displicencia; carnosa, prosperidad.

ESPANTO
Miseria que será remediada por la herencia de un pariente egoísta, si usted se porta bien.

E

ESPÁRRAGOS
Agüero favorable, en lo que respecta al logro de los negocios.

ESPECTROS
Desgracias considerables.

ESPEJO
Soñar que usted se mira en un espejo puede tener varios significados pero todos ellos negativos. Suele presagiar problemas, dificultades o traición por parte de una mujer hermosa. Ver a otros mirarse en el espejo indica que tales personas tratarán de congraciarse con usted por motivos egoístas. Si sueña que rompe un espejo es indicio de malas noticias, tal vez acerca de la muerte de un ser querido.

ESPÍA
Ser un espía, servicio vergonzoso, será motivo de disgustos. Ser observado por espías, descontento.

ESPIGAR
Encontrarás lo que deseas.

ESPINAS
Rencillas entre vecinos.

ESPINAS DE PESCADO
Enojos. Fastidio. Dificultades en el acierto o logro de un negocio.

ESPONJA
Avaricia. Mala fe.

ESPOSAS O GRILLETES
Rescate. Salvación.

ESPOSO-A
Soñar con su cónyuge, presagia buenos acontecimientos. Unión sólida y permanente.

ESPUELAS
Noticia falsa de gran alcance.

ESPUMA
Disgustos domésticos por culpa de un entrometido.

ESQUELA
Ver en sueños la esquela mortuoria de alguien presagia larga vida para esa persona.

ESQUELETO
Horror si se os aproxima, es signo de muerte, a menos que al despertaros no desechéis todo temor. Si os habla, guardaos bien de escuchar sus

consejos. Rechazarlo, indica confianza en sus fuerzas.

ESTABLECIMIENTO
Abrirlo: con trabajo y constancia todo se alcanza. Cerrarlo: desbarajuste.

ESTABLOS
Si el que sueña es hombre, opulencia. Si es mujer, próximas nupcias.

ESTADO MAYOR
Formar parte de él: estima pública. Verlo pasar: buena suerte.

ESTAFA
Prepararla: pasión funesta. Sufrirla: escrupulosidad.

ESTAMPAS
Si están bien pintadas, indican aflicciones e injurias. Toscamente hechas son señal de placeres, transportes de alegría y amistad. Las estatuas, imágenes y cuadros tienen la misma interpretación.

ESTANDARTE
Desplegado: peligro. Ser portaestandarte: próximos honores.

ESTATUA
De mujer, corazón insensible; de hombre, tristeza; verla caminar o hacer movimientos, algún suceso siniestro se avecina; si la oís hablar, rogad por vuestros parientes difuntos.

ESTANQUE
De agua clara, amistad y reconocimiento; turbia, penas y engaños; con grandes peces, aumento de fortuna; si dichos peces están muertos, robo o quiebra.

ESTERA
Miseria. Fortuna fugaz. Peligro.

ESTERCOLERO
Si nos ensuciamos en él, próxima llegada de dinero.

ESTILETE
Noticia de personas ausentes.

ESTÓMAGO (DOLOR DE)
Malgastar su hacienda. Consejo de que se hagan economice.

ESTORNUDO
Larga vida, pero es necesario tomar vitaminas.

E

ESTRADO
Subir a él: buena fortuna en los negocios. Construirlo: dicha pasajera.

ESTRANGULAR
A alguien: victoria sobre los enemigos, pero no salga de noche.

ESTRECHEZ
Época difícil, de la que se saldrá bien gracias a una herencia, pero siga luchando.

ESTRELLAS
Claras y brillantes indican prosperidad, viaje provechoso, buenas noticias y éxito en un negocio. Sombrías y pálidas, el colmo de las desgracias. Estrellas que caen del cielo presagian la decadencia o ruina de una gran casa.

ESTRELLA DE MAR
Ver una en la playa es signo de felicidad en el amor.

ESTRIBOS
Próximo viaje a países desconocidos y lejanos. Esté preparado, vendrán sorpresas agradables.

ESTUCHE
Descubrimiento de objetos robados.

ESTUDIANTE
Muerte del ser amado.

ESTUDIAR
Soñar que estudia es un indicio de que está pasando por un estado de angustia y miedo.

ESTUDIO
De pintor: aflicción, desdichas.

ESTUFA
Gastos extraordinarios e inútiles. Indolencia. Cambio de conducta necesario.

EVANGELIO
Su lectura indica tranquilidad de conciencia.

EXASPERACIÓN
No te dejes llevar por la cólera porque siempre trae perniciosos resultados.

EXCAVAR
Soñar que se excava en la tierra suele indicar grandes trabajos y sacrificios en la vida, aunque también ausencia de

graves necesidades. Sin embargo, si en la excavación se encuentra alguna piedra o metal precioso ello es indicio de un giro muy favorable para nuestros asuntos. Si el hoyo excavado se llenara de nuevo de tierra o de agua significa que todos nuestros esfuerzos resultarán infructuosos.

EXCESO
Cometerlos: conducta desordenada, que debes modificar; ver que se cometen: vigila a tus hijos, no cierres los ojos a los problemas.

EXCREMENTOS
Toda materia fecal es señal de dinero, pisar excremento o ensuciarse con él es anuncio de ingresos considerables.

EXCUSAS
Engaños tramados por quien sueña.

EXEQUIAS
De un pariente, amigo o de un personaje, indican dicha, riquezas, herencia, buen casamiento.

EXILIO
Soñarse exiliado es indicio de que muy pronto terminarán sus problemas, sobre todo los que más le preocupan, iniciándose una nueva etapa en su vida.

EXPLANADA
Un criminal confesará su crimen y salvará al acusado inocente.

EXPOSICIÓN DE CADÁVERES
Peligro de muerte violenta para sí mismo o para un amigo.

EXTRANJERO
Hablarle: buen augurio. Acogerle: caridad; verle, deseo satisfecho.

Los Mil y un SUEÑOS

FÁBULA
Recitarla: sencillez en sociedad, componerla: intervención que tan sólo beneficiará a su autor.

FACTURAS
Soñar que se hacen facturas o cuentas detalladas es indicio de que debe poner más atención a su negocio, pues algo anda mal.

FACHADA
De un templo: alivio. De un edificio: prosperidad. Deseo satisfecho.

FAISÁN
Soñar con un faisán es indicio de felicidad. Matarlo, se tendrá que luchar contra cierta tentación. Comer su carne, está comiendo demasiado, lo cual le puede acarrear problemas de salud.

FAJADO

Casamiento feliz con industrial muy trabajador. Use una prenda blanca.

FALDA

Si una mujer sueña que pierde la falda en algún lugar público es indicio de que su amor está distanciándose de ella o viéndola cada vez con ojos más indiferentes. Si sueña con una falda cuyos colores son muy inarmónicos, tendrá que afrontar pequeños disgustos. Soñar con una falda muy cara y bonita, excesivo orgullo por su parte.

FALSEDAD, FALSO

Si es mujer la que sueña, desconfíe del hombre que la cortejará. Si es hombre, tenga precaución, y no se deje engañar por mujeres astutas.

FALTA

Cometer alguna: cuidad vuestros asuntos. Si una persona que apreciáis la comete, depositad enteramente en ella vuestra confianza.

FAMA

Soñar que se ha adquirido cierta fama indica que se está siguiendo una equivocada ambición. Ver que otros logran una gran fama es indicio de mejoría en nuestra situación y en la propia reputación.

FAMILIA

Soñar estar con su familia: viaje próximo. Tener familia numerosa: felicidad.

FAMILIARIDADES

Usarlas con otro, desconfiad de vuestra conducta con él; ser objeto de ellas por parte de alguien no muy conocido: se os engaña.

FANTASMA

Vestido de blanco, con una hermosa cara, anuncia consuelo y alegría; si es negra y fea es señal de tentación y engaño. Ver muchos fantasmas es anuncio de un estado angustioso. Si el fantasma persigue al que sueña y éste logra escapar, alegría y liberación de las preocupaciones actuales. Si somos tocados

F

por un fantasma, próximas experiencias desagradables.

FARDO
Trabajos arduos, pero bien pagados.

FARMACÉUTICO
Desconfiad de un usurero o de un descortés. Ponga un vaso boca abajo.

FARO
Enemigos peligrosos. Dad las debidas satisfacciones a aquéllos a quienes hayáis ofendido porque los amigos nunca estorban, y siempre son perjudiciales los enemigos. No olvide que es mejor vivir en paz con todos, y que no hay enemigo pequeño.

FATIGA
El que sueña que experimenta una gran fatiga debe esperar una justa recompensa por sus trabajos. Trate de dormir lo máximo posible.

FAUCES
Ver en sueños las fauces de un monstruo predice desavenencias con amigos. Verse en las fauces de un animal, muchos sinsabores nos esperan próximamente.

FAUNO
Deshonestidad y burlas procaces.

FAVORES
Solicitarlos de un gran personaje: tiempo perdido, que debiera aprovecharse. Pretenderlos de una linda mujer: los cederá a otros y te despreciará a ti. Recibirlos de una amante: íntima alegría, pero de corta duración.

FEALDAD
Soñar que se es feo es indicio de malentendidos entre los que se quieren. En los negocios, declive. Si una mujer sueña que es fea ello indica que su frialdad e indiferencia la harán poco atractiva a los demás.

FELICIDAD
Si sueña que es feliz, indica contrariedades próximas. Para otros, el verse feliz y contento es indicio de abundantes amigos que nos estiman y nos quieren.

FENÓMENO
Véase monstruo.

FÉRETRO
Os aconseja que os enmendéis, si tenéis mala conducta.

FERIA
Tormento, enorme inquietud. Necesidad.

FERROCARRIL
Viaje en él, consagración de los deseos del que sueña. Accidentes en el ferrocarril: obstáculos en alguna empresa, importante regalo de oro.

FESTINES
Alegría de corta duración.

FIANZA
Otorgarla: perderás todo lo que habías asegurado. Pagarla: cobrarás una deuda.

FICHA
De juego: calumnia contra seres queridos.

FIDELIDAD
Jurada: antes de comprometerte a hacer algo, piensa si podrás cumplir tu promesa.

Faltar en sueños a la fidelidad: desgracias en la familia. Afronta los problemas con valor.

FIDEOS
Comerlos: viaje productivo. Comprarlos: ausencia prolongada.

FIEBRE
Deseos ambiciosos y extravagantes ya sea que la tenga el que sueña, o que éste vea a un calenturiento.

FIESTA
Darla: peligros probables, si no eres precavido. Asistir a ella: felicidad pasajera.

FIGURA
Extravagante: pérdida de un barco o un amigo. Grande: hallazgo de un bolso. Pequeña: novio achacoso. Alta y delgada: tiempo perdido. Alta y gruesa: momentos de favor.

FINIQUITO
Presentarlo, dudoso reembolso de fondos; os lo presentan, pago incierto.

FINURA, FINO
Buen carácter. Excelentes disposiciones para el trabajo.

FIRMA
Estampar una firma: pérdida de destino por calumnia. Si te presentan varias firmas, sufrirás persecución política.

FÍSTULA
Llegada de ausentes a quienes tienes que atender, aunque sea a disgusto.

FLAQUEZA
Indica que el niño que nazca alcanzará renombre.

FLAUTA
Véase instrumento de viento.

FLECHAS
Verlas indica próximos disgustos. Si se sueña que nos disparan flechas y que éstas nos alcanzan clavándose en nuestro cuerpo, indica que una sospecha se hará realidad.

FLORES
Cogerlas, beneficio considerable. Verlas, tenerlas o percibir su fragancia en su estación, indica consuelo, placer y alegría; fuera de tiempo, anuncia obstáculos y malos negocios cuando son blancas; si son amarillas, significan ligeras dificultades; las de color encarnado son presagio terrible de grandes desgracias.
Flores de los campos. Verlas o percibir su olor indica penas y flaqueza de ánimo, a menos que el que sueña se ocupe de botánica. Flor de lis: grandeza, poderío. Una mujer humilde resolverá tu problema.
Soñar que alguien está confeccionando flores artificiales indica que se nos cobrará un precio exorbitante por algo que no vale gran cosa.

FLORESTA
Enredo amoroso.

FLORETE
Colgado de la pared: rencor oculto. Cruzado con otro: pérdida de un pleito por necedad del abogado.

FLORISTA
Trabajando: teme lo que traman contra ti. Vendedora de flores: mala noticia.

FLUJO

De sangre: hallazgo de tesoro oculto. De vientre: intransigencia de un contrario. Flujo y reflujo de mar: obstáculos imprevistos en un negocio que se creía terminado.

FONDO

Encontrarse en el fondo del mar, de un saco, de un precipicio o ver el fondo de una bolsa o de un saco es una indicación de que debemos trabajar con más ahínco, si no queremos llegar a una situación bastante molesta.

FORTALEZA

Resistencia imprevista.

FORTUNA

Suele ser indicio de peligro. Soñar que se amasa fortuna indica que salvo que se tomen las medidas necesarias pronto se perderá la propia. Soñar que se pierde una fortuna es indicio de próximas ganancias y mejora en la situación económica. Ver en sueños a la diosa Fortuna presagia que lograremos un deseo que parecía imposible.

FORRAJE

Es presagio de opulencia. Buenos rendimientos. Amistad.

FÓSFORO

Ventajas fallidas. En forma de cerillas: reconciliación, por haberse descubierto la falsedad de una sospecha.

FÓSIL

Próxima visita de un pariente anciano.

FOSO

Salvarlo o pasarlo utilizando una tabla indica acechanzas, traiciones, estafas y engaños por parte de gentes de justicia.

FOTOGRAFÍA

Soñar que le están tomando fotos indica que próximamente lo tomarán por otra persona, lo cual le producirá notable afrenta. Ver fotos, felicidad. Soñar que está tomando fotos indica que su pasión por la belleza está interfiriendo en los negocios. Soñar que se rompe o quema una fotografía indica ruptura. Dar o recibir fotografías indica simpatía, hay gente que piensa en usted.

F

FRACTURA
De pie: cura de una enfermedad. De pierna: pérdida de papeles de valor. De brazo: insulto o desafío.

FRAGUA
Desbordamiento de un río. Si se trabaja en ella: compra de casa.

FRAMBUESA
Buenas noticias.

FRANCACHELA
Pereza. Futuros desórdenes. No es de noche cuando debes hacerlo.

FREÍR
Verlo: tramas. Freír algo: enredos mujeriles. Comer algo frito, pérdida de bienes.

FRENO
De caballo: esposa indomable. De mula: esterilidad por culpa del marido. De mulo, esterilidad por culpa de la mujer. De yegua, prole abundante.

FRENTE
Si es ancha y alta, indica talento y recto juicio. Espesa y abultada, es signo de que debe hablarse con firmeza y libertad cuando llegue el caso. Abierta o herida, anuncia que se descubrirán tesoros del que sueña, y que se arriesgará a perderlos. De bronce, de mármol o de hierro, indica odio irreconciliable, buena señal si el que sueña inicia un comercio cualquiera.

FRESAS
Provecho inesperado.

FRIALDAD
Si es por parte del galán: muerte de una tía. Si es por parte de la dama: muerte de un tío. Si es por parte de ambos: boda rápida de cada uno de ellos con otros.

FRUTA O FRUTOS
Verlos podridos o que se pudren en la mano es signo de adversidad; pérdida de algún hijo del que los tiene en las manos. Comerlos anuncia engaños por parte de una mujer y a veces placeres y flaqueza de ánimo.
No se desanime.

FUEGO

Ver fuego significa cólera, peligro. Ver un fuego moderado en su hogar, sin humo ni chispas, es señal de perfecta salud de cuerpo y ánimo, de abundancia, de festines y regocijos con los amigos. El sueño contrario anuncia cólera, disputas, despilfarros de la hacienda o caudal y malas noticias. Fuego apagado indica indigencia, necesidad, falta de dinero. Fuego o lumbre que se enciende sin trabajo, es señal de generación de hijos felices, que harán honor a su madre. Antorcha o vela encendida tiene el mismo presagio que el sueño precedente; si la que enciende la vela es una mujer casada, es signo de embarazo, de un buen parto, y de que su hijo será feliz. Fuego o lumbre que se enciende con trabajo y se apaga pronto, es señal de tribulaciones para el que tiene este sueño. Tocar el fuego sin dolor indica éxito, a pesar de los envidiosos. Quemarse con el fuego es anuncio de una fiebre violenta. Ver quemar a alguien, es mal presagio para

él. Soplar el fuego, véase trabajos rudos. Fuegos artificiales, véase cohetes, regocijos.

FUELLE

Tener un fuelle indica, por lo general, informes erróneos. Soplar la lumbre con un fuelle es signo de calumnia; con la boca, maledicencia.

FUENTE O RIACHUELO

Si es agua clara, indica abundancia, salud para un enfermo; si es de agua turbia o sucia, indica lo contrario. Ver brotar una fuente en casa es señal de honor y provecho.

FUERZA

Ver ejecutar actos que requieren de mucha fuerza anuncia un buen protector. Realizarlos uno mismo significa que no se necesitará ayuda para llevar adelante un negocio.

FUMAR

Fumar un cigarrillo: carta esperada con noticias deseadas. Fumar en pipa, enfermedad que requiere de mucha paciencia. Si la pipa es larga:

la persona más joven o más vieja de la casa vivirá poco.

FUNDA DE ALMOHADA
Se resolverá el asunto importante que tanto ha dado que pensar.

FUNERAL
Si se trata del funeral de un conocido: logro de satisfacción solicitada. Vanidad, amor filial y conyugal. Paz en la familia. Si el muerto es un desconocido: escándalo.

FURIAS
Arpías o monstruos, medio mujeres y medio serpientes. Indican tribulaciones, cavilaciones, desvelos suscitados por la envidia o un odio mortal.

FUSIL
Disparar con él: provecho engañoso. Fastidio, cólera.

FUSILAR
Ver fusilar a alguien: suceso escandaloso.

G

GABINETE
Cambio próximo de vivienda, por cambio favorable de fortuna.

GACELA
Es un buen augurio. Significa paz en el hogar, éxito en los estudios o en el trabajo y perfecta marcha de todas las cosas que nos afectan.

GACETA
Véase diario, periódico.

GAFAS
Soñar que se encuentran unas gafas indica que hay un amigo o amigos que en realidad no nos importan mucho, pero no queremos ofenderlos diciéndoselo.

GAITA
Salud recobrada. Deseo que no se conseguirá.

GALA
Vestirse de gala: invitación para un entierro. Gala y cañonazos: disgusto causado por un cuñado o cuñada.

GALANTERÍA
Ser galán, perfecta salud; si la que sueña es mujer, prosperidad; si es una joven, inconstancia. El peligro está en pedir prestado.

GALERÍA
Comercio. Fortuna.

GALOPAR
En un caballo negro, lazo del que os libraréis; en un caballo castaño, trabajo infructuoso; en uno blanco, placeres fáciles.

GALLETAS
Comerlas indica provecho y salud.

GALLINA
Que cacarea, noticias inesperadas; que pone, provecho; rodeada de sus polluelos,

pérdidas. Soñar con gran cantidad de gallinas que nos rodean indica pequeñas y abundantes preocupaciones, alguna de las cuales puede finalmente convertirse en algo bueno. Soñar con polluelos es un buen augurio.

GALLINA CIEGA
Si en sueños juega a la gallina ciega, presagio cierto es de buena suerte, alegría y bienandanzas pero no se confíe mucho.

GALLO
Oír su canto: noticia próspera; ver sus peleas, riñas. Tenga cuidado con los niños.

GAMBAS
Alguno de los que te rodean desea algo de ti. Tal vez lo manifieste abiertamente, tal vez no. Si las comes, saldrás airoso de la prueba. Si las ves muertas en el mercado, alguien querido por ti está a punto de engañarte.

GAMO
Matar un gamo significa que os saldréis con la vuestra.

G

GAMUZA
Cazarla, ventajosa celebridad en los negocios; matarla, inspira temores.

GANADOS
Guardarlos, signo para los ricos de vergüenza y problemas familiares; para los pobres, consideraciones y beneficios.

GANANCIAS
Lícitas, confianza de que pronto llegará dinero; ilícitas, pérdida pecuniaria.

GANGRENA
Pérdida de amigos.

GANSO
El que sueñe con dicho animal, aguarde una visita insulsa.

GARGANTA
Cortársela, feliz esperanza; admirarla, amores dichosos.

GARRAPATA
Soñar que se las quita a un animal y las mata es indicio de que acabarán sus problemas. Si sueña que las tiene en su cuerpo, enemigos peligrosos.

GAS
Encendido: fortuna. Apagado: enfermedad grave. Escape de gas: peligro de muerte.

GASA
Misterio. Modestia.

GASTO
Excesivo: ruina próxima. Necesario: negocio costoso pero productivo.

GATO
Traición en vuestra familia o en vuestros amores; si se halla echado o dormido, no alcanzaréis más que a medias vuestros proyectos; si gruñe o está enfurecido, temed ser robados. Este sueño puede anunciar un ratero sutil y también traición por parte de un pariente cercano. Maltratar a un gato o matarlo indica la prisión o muerte de un ladrón. Comer su carne denota que se hará restituir el hurto al ladrón. Quitar la piel a un gato es señal de que se recuperarán todos los bienes perdidos. Ver a un gato echado o dormido indica sólo una suerte a medias o muy moderada.

Si el gato está furioso o le ataca es señal de que existen ladrones o enemigos acérrimos que no retrocederán hasta dañar su reputación; si consigue librarse de su ataque, saldrá bien parado de este problema.

GAVILÁN
Éxito, pero no exento de mala fe. Tu nombre con la memoria de tus hazañas llegará hasta la más remota posteridad.

GAVILLA
Fortuna. Cosecha abundante. Negocios prósperos. Herencia. Ascenso para el militar.

GELATINA
Tisis, pulmonía u otra enfermedad grave de la que sólo se curará de milagro.

GEMELOS
Feliz pronóstico. Éxito en los negocios y felicidad conyugal. Si son enfermizos, penas y descontentos.

GENEROSO, GENEROSIDAD
Soñar con serlo, honradez y buenos sentimientos. Si el que sueña pone su sueño en acción será premiado ampliamente.

GENTE ARMADA
Invitación a una boda.

GIGANTE
Casamiento con persona pequeña, viaje largo. Todo animal monstruoso en general: gran éxito. Triunfo seguro.

GITANO
Soñar con una tribu de gitanos indica que su futuro inmediato es bastante incierto. Si una mujer sueña que una gitana le lee la mano es indicio de próximo matrimonio no muy afortunado. Si es un hombre el que sueña esto indica que perderá algunas de sus posesiones.

GLACIAR
Soñar que está en un lugar en el que hay gran cantidad de hielo es indicio de ruptura en una relación amorosa.

G

GLADIADOR
Gladiador victorioso: un enemigo se aproxima. Gladiador herido: muerte de un pariente.

GLOBO
Aerostático, elevación efímera. Problemas en los negocios. Viajar en globo indica viaje peligroso.

GLORIA
Incendio desastroso. Dicha lograda a costa de graves sufrimientos.

GOCES
O soñar ser dichoso. No tardarás veinticuatro horas en experimentar disgustos.

GOLONDRINA
Plausible nueva.

GOMA
Soñar que sus piernas o brazos son como de goma es indicio de una próxima enfermedad. Es conveniente hacerse un detallado examen médico.

GÓNDOLA
Pronto acompañará un entierro o acompañarán el suyo.

GORDURA
Placeres y riquezas.

GORILA
Posibilidad de que personas desconocidas le propongan un negocio rentable pero poco legal. Tenga cuidado.

GORRA
Ponérsela, sé prudente en tus amorcillos; quitársela, secreto descubierto o próximo lazo de amor.

GORRIÓN
Trato que se llevará a cabo ventajosamente. Muchos gorriones reunidos: escasez de dinero. Gorrión volando: documento importante recuperado.

GORRO DE DORMIR
Indica que ya es hora de dejar los negocios.

GOTA
(Enfermedad). Tenerla en las manos indica terrores, pánicos y peligro mortal, si el gotoso es joven; si es viejo, languidez y miseria. Una gota crónica es señal de larga vida.

GOTA

De aceite: traición de un amigo. De agua caída en el vestido: carta desagradable. De aguardiente: reyerta tremenda entre casados o amantes. De cera: invitación a un funeral. De leche: candidez de la persona amada. De sebo: noticia mala. De tinta: boda iniciada con poca alegría seguida de poca felicidad. De vino, riña entre marido y mujer. De zumo de naranja: accidente imprevisto y desagradable; gota cuya mancha no se puede quitar: ligereza e irresponsabilidad incorregible.

GOTERA

Venta de finca, por deudas.

GRACIA

Obtenerla: recompensa injusta. Dispensarla: casamiento feliz. Herencia.

GRAMA

Cese de disgustos y logro en negocios. No empeñe su casa.

GRANADA

Madura: cercana riqueza; verde: enfermedad y tristeza.

GRANADO

Presencia de espíritu. Valor, mercedes.

GRANDEZAS

Caída cercana. Cuidado con los vehículos.

GRANERO

Indica que se está en peligro de tener una tentación muy violenta.

GRANIZO

Verse en medio de una tormenta de granizo indica éxito en sus planes. Si simplemente se ve el granizo caer, desgracias y tristeza.

GRANJA

Confianza, para el que la ve y presagio feliz para el que en ella entra; prosperidad, para el que habita en ella. No preste su dinero.

GRANO

De trigo: abundancia. De arroz: salud prolongada. De cebada: dinero ganado por acierto. De uvas: la embriaguez domina en alguno de tu casa.

G

GRANOS
Soñar que se tienen granos en el cuerpo es indicio de grandes riquezas. Si los tienen otros, disgustos.

GRASA
Soñar que tenemos el cuerpo y la ropa llena de grasa indica que los planes que habíamos estado contemplando no tendrán éxito y todo quedará en nada.

GRATIFICACIÓN
Recibirla: sé más caritativo. Darla: premio merecido.

GRIETA
En la tierra: tesoro cerca de un cadáver.

GRIPE
Si es mujer, alejarse del hombre que la engaña. Si es hombre, desgracias, miseria.

GRITOS
Locura. Lejanos: ataque a traición. Próximos: amantes que riñen a consecuencia de una carta. Desaforados: puñalada frustrada.

GROSELLAS
Si son encarnadas indican constancia; si son blancas, satisfacción; si son negras, penuria; cogidas fuera de temporada, infidelidad.

GUADAÑA
Baile. En manos de la muerte, ganancia mal conseguida en el juego mediante trampas.

GUANTE
Quien sueña que usa buenos guantes, será feliz; el que sueña lo contrario, experimentará mil incomodidades.

GUARDARROPA
Provecho. Ventajas.

GUARISMOS O NÚMEROS
Soñar sin recordarlos: fracaso. Uno: sociedad engañosa. Dos: intentos perjudiciales. Tres: consulta para negocios. Cuatro: disputas y dimensiones. Cinco: pena inútil. Más de cinco: ilusiones.

GUARNICIÓN
Patriotismo. Si es militar, ascenso.

Si es una joven, casamiento con un oficial; si es paisano, condecoración.

GUERRA
Soñar con una guerra es indicio de fricciones en la vida familiar. Si sueña que usted está en la guerra indica persecuciones. Si una joven sueña que su novio se va a la guerra, próximo escándalo provocado por un amigo.

GUISADO
Indigestión. No es como usted dice.

GUISADO DE LIEBRE
Habladurías mujeriles.

GUISANTES
Comerlos, dicha y solución de asuntos. Pronto cambiará su destino.

GUITARRA
Indica protección amorosa para el que canta acompañándose con dicho instrumento. Si un hombre oye el sonido de la guitarra significa que tendrá que ser precavido para no ser víctima de la seducción de una mujer o mujeres interesadas. Si es una mujer la que lo oye indica interferencias en sus afectos.

GUSANO
Soñar con un gusano o gusanos indica cierta tendencia a vernos en situaciones embarazosas y pocas posibilidades de progreso. Puede ser también indicio de falsos amigos. Es aconsejable tener cuidado con lo que se dice y con quien se habla.

GUSANO DE SEDA
Amigos benéficos que os ayudarán en la desgracia. Los gusanos de tierra anuncian enemigos secretos armados para dañaros.

H

Los Mil y un SUEÑOS

HABAS
Riñas y pleito.

HABICHUELAS
Calumnias y vituperios.

HABITACIÓN
Enojo, fastidio, tristeza. Salga a la calle y dé una vuelta a pie.

HABLADOR
Hallarse fastidiado por un hablador es señal de jaqueca, calentura y molestias cercanas. Ver a alguien que intenta hablarnos sin conseguirlo es indicio de que algo que pensamos muy prometedor terminará en fracaso.

HABLAR
Oír que hablan de nosotros o pensar que así es, indica que se nos acusará de los males de otros.

HABLAR A LOS ANIMALES
Males y sufrimientos.

HACES DE LEÑA
Mentiras, falsas noticias.

HACIENDAS
Véase propiedad.

HACHA
Presagio funesto en su aparición.

HADA
Si es buena: alguien se interesa por ti y te dará algo que jamás soñaste. Mala: críticas de una persona anciana.

HALCÓN
Pérdida de todos los ahorros en especulaciones financieras.

HALLAZGO
Trabajo penoso pero fructífero.

HAMBRE
Industria de éxito seguro, prosperidad.

HARAPOS
Verse rodeado de ellos: término de un cruel tormento; ver cubierto a otro, aviso de que

recibiremos los favores de un desgraciado.

HARÉN
Si un hombre sueña que está a cargo de un harén indica que está malgastando sus esfuerzos en bajos placeres. Si es una mujer la que sueña estar en uno, ha sucumbido a la sonrisa de un hombre casado.

HARINA
Muerte en la vecindad.

HARPA
Curación y consuelo.

HARTAZGO
El dinero te hará ganar un pleito que considerabas perdido.

HEBILLA
Sospechas disipadas por un nacimiento.

HEDOR
Desprecio. Ofensas graves.

HELADOS
La persona que amas es fría, te engaña o te engañará.

H

HELARSE

Tanto si es uno mismo quien se está helando como si es otro, significa pérdida de cariño, abandono.

HÉLICE

Sé caritativo, si quieres que lo sean contigo cuando lo necesites.

HENO

Ver heno todavía sin cortar es un buen augurio, indica un porvenir prometedor. Cuanto más hermoso sea el heno, más se cumplirán tus esperanzas. Verlo cosechar ya recogido en gavillas indica bienestar conquistado gracias al trabajo. Esconderse dentro del heno: amoríos. Comer heno: engaños.

HÉRCULES

Ver a este personaje mitológico en sueños significa que tenemos un bondadoso protector que cuidará de nosotros.

HERMANA DE LA CARIDAD

Si el que sueña es mujer, indica que nos encontraremos con un alma noble, generosa y altruista. Si es hombre, con alguien de corazón franco, generoso y caritativo.

HERENCIA

Ruina, miseria, penas. No seas miserable. Ser desheredado: gran sorpresa, posiblemente se reciba cierta cantidad de dinero muy pronto y tal vez una herencia.

HERIDA

Producida por una espada, logro; por un desconocido, penas; por un lobo, perfidia; si curáis una herida: favores correspondidos por ingratitudes; herir a alguien: infundados recelos. En general soñar que sufrimos una herida es presagio de consideración pública.

HERMANO

Sucesos varios en los que interviene dinero.

HERPES

(GRANOS, SARNA, ÚLCERAS)

Riquezas.

HERRADURA

Soñar con una herradura indica suerte en los negocios. Encontrarse una, todo saldrá mucho mejor de lo que nunca habíamos imaginado.

HERRERO
Recibir un golpe con un instrumento de hierro indica un gran desastre. Ver un herrero trabajando es señal de derramamiento de sangre.

HIDROPESÍA
Ser hidropésico, moderación en los gastos; si fuera mujer, concebirá por medios represibles. Consulte un libro de astrología.

HIEL DERRAMADA POR EL CUERPO
Riña doméstica. Pérdidas en el juego. Ataques de ladrones. ¡Cuidado!

HIELO
Soñar con él en invierno, no nos indica cosa alguna, puesto que sólo es un recuerdo de lo que vivimos durante el día; pero si fuera en otra estación, presagia buena cosecha a los campesinos; a los comerciantes, obstáculos en los negocios y disgustos sin cuento a los militares. Ver hielo flotando sobre el agua indica que amigos envidiosos tratarán de estorbar nuestra felicidad pero no lo lograrán. Verse caminar sobre el hielo, gastos excesivos en placeres efímeros. Patinar sobre el hielo: sinsabores en la amistad o en el amor, que no impedirán recomenzar con nuevos ímpetus.

HIENA
Símbolo de poderosos enemigos ocultos.

HIERBA
Si es fresca: felicidad tranquila. Si está mustia o seca: tormentos. Dormir sobre la hierba: amoríos. Comerla: engaños.

HIERRO
Soñar que se es herido con un hierro indica mucha confusión en los negocios. Tocar un hierro al rojo vivo, decepción en su actividad actual.

HÍGADO
Enfermo, seco o quemado: fortuna y vida en peligro; encontrar el hígado de un animal cornudo: pronóstico de riquezas y herencia.

HIGOS

Verlos durante su correspondiente estación: dicha futura; en otra estación, sensibles penas; comerlos, serás un malgastador; secos, tu fortuna se halla en peligro. No tiene remedio.

HIJO

Pérfida proposición; verle amamantar, grave enfermedad; pero en caso de que la esposa del que sueña estuviese encinta indica una quebrantada salud para el bebé que dará a luz; si fuera una mujer la que sueña le pronostica que parirá una niña o tendrá una contrariedad; ver y hablar a muchos niños a la vez, gravamen, suya es la culpa.

HILAR

Ver hilo o lino es un excelente pronóstico en cuanto a la solidez de las amistades, afecto compartido, etc. Cuanto más bonito sea el hilo, mayores son nuestros afectos y más podremos confiar en la persona amada. Ver hilar: bienestar en la familia.

HILVANAR

Afecto naciente, demostraciones amistosas.

HINCHAR

Un objeto o un globo: cumplido irónico que será tomado en serio. Hincharse todo el cuerpo: gastos desmesurados realizados por vanidad. Cara hinchada: incubación de una enfermedad. Vientre hinchado: embarazo.

HIPNOTISMO

Soñar que hipnotizamos a una persona conocida es indicio de que tratamos de dominarla o de ejercer ciertas influencias sobre ella. Si el hipnotizado fuera el que sueña es indicio de que está contemplando una situación de manera totalmente falsa.

HIPO

Oírlo: apuros de un amigo a quien no podemos ayudar.

HIPÓCRITA

Intrigante desenmascarado. Ser innoble de apariencia atractiva que intentará inmiscuirse en su propia intimidad.

HIPOTECA
Soñar que se hipoteca algo es indicio de graves dificultades económicas que llegarán a quitarnos el sueño. Soñar que tenemos una hipoteca en contra de otro indica que ya hemos pasado lo peor en cuanto a penurias económicas.

HISOPO
Verlo, tenerlo o percibirlo, indica trabajo y penas; pero es feliz presagio para los médicos.

HISTÉRICO
Ver a un histérico o serlo uno mismo indica que estamos abusando de ciertos goces que nos llevan al agotamiento.

HOGUERA
Faltas irreparables.

HOJALDRE
La llegada de una persona apresurará un casamiento que se estaba retrasando.

HOJAS
Caídas de los árboles: recuerdos melancólicos.

HOLGAZANERÍA
Propia o de otros: pérdida de situación, negligencia, desequilibrios.

HOLLÍN
Felicidad lejana pero cierta.

HOMBRE
Vestido de blanco: dicha; de negro: desgracia; asesinado: seguridad; armado: desazón.

HOMBROS
Verlos en sueños más gruesos de lo que son es señal de malos tratos para un prisionero, y fuerza y prosperidad para el hombre libre. Hombros hinchados son señal de riquezas para la amante del que sueña. Llagados o estropeados, indican fastidios y sinsabores en la familia.

HOMICIDIO
Daño mortal, pronto lo descubrirán.

HONDA
Malicia, crítica de periodistas.

HONGOS
Próspera salud, larga vida.

H

HORA
Oír que un reloj da la hora: cita. Negocio. Preguntar la hora: intranquilidad.

HORCA
Avances seguros.

HORMIGAS
Soñar con hormigas puede indicar abundancia de pequeñas incomodidades y problemas menores que harán más difíciles tus asuntos, impidiendo que los puedas llevar a cabo con eficiencia y satisfacción. También puede ser indicio de un aumento en nuestros ahorros.

HORNILLO
Véase cocina y fuego.

HORNO
Si una mujer sueña que su horno está excesivamente caliente es indicio de que a causa de unos amigos lejanos tendrá que dejar su casa y trasladarse a donde ellos están. Si sueña que está cociendo algo en el horno, pequeños disgustos. En general, indicio

de comodidad si está encendido; de indigencia si está apagado.

HORÓSCOPO
Engaños. Penas infundadas. Enredos. Debe consultar el Oráculo de Napoleón. En caso de que no le satisfaga, que le echen las cartas. Lleve en la bolsa un poco de sal.

HORQUILLA
Persecución. Tenga calma.

HOSPITAL
Verse en un hospital indica que pronto tendremos algunas dificultades; sin embargo, nuestros amigos rivalizarán entre sí por ayudarnos a salir del apuro. Visitar a un amigo en el hospital, pronto nos llegarán malas noticias.

HOTEL
Soñar que se ve un hotel indica muchos viajes y riqueza. Ser dueño de un hotel denota éxitos, pero sólo a costa de grandes esfuerzos. Vivir en un hotel indica que estaremos viviendo a costa de los demás. Ver un hotel vacío: disminución de ingresos.

HUÉRFANO
Desgracias familiares.

HUERTO
Soñar que se cruza por un huerto lleno de frutos es un indicio de felicidad y prosperidad. Si por el contrario, el huerto está abandonado, indica problemas y sinsabores. Soñar que se recogen frutos es un indicio de que la fortuna le sonreirá.

HUESOS
De muerto: penas y tribulaciones. Roer huesos es señal de una ruina segura. Huesos blancos, dicha; rotos, contiendas; frescos, buena noticia. No cruce la calle sin precaución.

HUEVOS
Soñar que se encuentra un nido de huevos es un augurio excelente, indica prosperidad y felicidad, amores para el soltero y varios hijos para los casados. Soñar con huevos rotos indica pérdidas y problemas. Soñar que se sube a un árbol para llegar al nido lleno de huevos indica ganancias económicas de un modo inesperado.

HUIR, HUIDA
Soñar que uno se escapa de la cárcel o de cualquier otro lugar en el que estuviera encerrado denota pronto éxito en los negocios. Si se es atrapado en la huida ello presagia notoriedad desafortunada e inconveniente. No hagas mal, para no temer la persecución de enemigo alguno.

HUMILLACIÓN
Soportada con entereza: carácter enérgico, corazón fuerte y animoso. Ver la humillación del prójimo y alejarse de ella: ruindad, cobardía y malos sentimientos.

HUMO
Soñarse entre el humo es indicio de maquinaciones por parte de falsos amigos. Ver humo, falsa gloria.

HURACÁN
Soñar que se oye el zumbido de un huracán indica que se sufrirá mucho tratando de evitar la quiebra de un negocio. Estar en una casa que es destruida por el huracán, grandes cambios en su vida.

Los Mil y un SUEÑOS

IDOLATRÍA
Malos negocios, si obra de mala fe. Problemas mentales.

IGLESIA
Noticia de muerte; edificarla, regocijo; entrar en ella, beneficencia; rezar en ella, consuelo.

IGNORANCIA
Mal presagio. Lo puede contrarrestar si lleva en la bolsa un espolón de gallo.

ILUMINACIONES
Regocijos. Si van apagándose: lloros y cuidados. El juego es peligroso.

ILUMINAR
Bienes despilfarrados. Tome azúcar. Es necesario saber cómo se gasta el dinero.

IMAGEN
Toda imagen pintada es falaz; si está formada por partes, peligrosa. No se detenga.

IMÁN
Lisonja. Adulación.

IMITAR
Soñar que imitamos a alguien es indicio de errores y equivocaciones por escuchar a todo el mundo. Ser imitado presagia que seremos tomados como modelo.

IMPEDIDO
Burlarse de un impedido: accidente grave. Mal corazón. Socorrerle: buenos sentimientos. Fructíferos negocios.

IMPERAR
Mérito. Talento, éxito, pero sólo si usted insiste lo suficiente.

IMPORTANCIA
Fortuna imprevista.

IMPOTENCIA
Cercano logro.

IMPRENTA
Sabiduría. Aplicación. Éxito rotundo.

IMPROVISACIÓN
Orgullo literario que le expone a burlas. Piense bien lo que dirá.

IMPUESTOS
Soñar que no somos capaces de pagar los impuestos por ser éstos demasiado elevados indica que nos obligarán a hacer algo en contra de nuestra voluntad. Pagarlos y sentirse satisfechos indica realización de nuestras esperanzas.

INCENDIO
Ver arder una o muchas cosas indica que no hay mal que por bien no venga.

INCESTO
Progreso en las artes. Si lo cometes, malas noticias.

INCIENSO
Aduladores pérfidos.

INCURABLE
Ver a alguien o padecer una enfermedad incurable: disgusto que no se podrá consolar.

I

INDIGESTIÓN
Os invita a la sobriedad en la próxima comida. Cuidado con la diabetes. En caso de no tener una causa externa, puede indicar peligro de fracaso en el negocio.

INDIO APACHE
El pleito se verá pronto resuelto de buena manera.

INFANTICIDIO
Crueldad. Deshonrra. Tenga cuidado con lo que hace.

INFIERNO
Verse en el infierno es indicio de que nos veremos pronto confrontados con ciertas tentaciones que nos será muy difícil vencer.

INFLAMACIÓN
Frialdad entre hermanos por preferencia de la madre. Sea amable.

INFORTUNIO
Inmerecido: felicidad próxima precedida de graves pesares.

INGENIO DE AZÚCAR
Sensibles disgustos, engaño.

INGLATERRA
Hacer un viaje a Inglaterra indica prosperidad y buena suerte, pero obliga a tener mucho cuidado en los negocios.

INGLÉS
Falso amigo. Acreedores.

INGLESES
Amigos pérfidos o acérrimos acreedores.

INGRATITUD
Sufrirás gran desengaño con la persona a quien has favorecido.

INHUMACIÓN
Luto y miseria.

INJURIAS
Señales de amistad. Favores.

INJUSTICIA
Por no saber exponer bien tu derecho perderás el pleito. Lleva tu pleito bien.

INMOVILIDAD
Ver a personas inmóviles: soledad. Verse uno mismo inmovilizado: rechazo de un favor.

INQUIETUD
Sufrirla invita a la confianza. Motivarla, anuncia algún peligro.

INSECTICIDA
Usar un insecticida es indicio de una persona molesta que tendremos que echar de nuestra casa.

INSECTOS, BICHOS
Soñar que los útiles de aseo del que sueña están llenos de bichos indica próxima enfermedad. Soñar que se mata algún insecto con los dedos presagia que pronto recibirás noticias de un familiar que te pide ayuda económica.

INSENSATO
Si sueñas que eres insensato, te regalarán muchas cosas y vivirás largo tiempo.

INSOLENCIA
Ser insolente con alguien, le pagará éste con la misma moneda; ser el blanco de un insolente: guárdese si no quiere ser culpable.

INSOMNIO
Soñar que padece insomnio: próximas tribulaciones. No crea en las brujerías.

INSTRUMENTOS
Musicales: consuelo, alegría, curación de enfermedad.

INSULTO
Cuida mucho de tus compañías y apártate de los amigos perjudiciales.

INTERESES
Devengados por una deuda: ruina, si no cuidas más de tus gastos.

INTESTINOS
Si se salen de vuestro cuerpo: alguien se alejará de vuestra casa por alguna fuerte riña. Si soñáis que los coméis: heredaréis de un criado. Si soñáis comer los de otros: os enriqueceréis con los bienes ajenos.

INTOXICACIÓN
Soñarse intoxicado es indicio de buena salud y cuerpo sano. Soñar que uno se intoxica simplemente viendo un licor es muy mal augurio. Los actos

del que esto sueña pueden llevarlo ante los tribunales de justicia.

INTREPIDEZ
El valor es loable; la temeridad es peligrosa.

INTRIGANTE
Ten prudencia, si no quieres verte pobre y deshonrado.

INUNDACIÓN
Si se sueña con una inundación en la que las aguas son claras y se retiran suavemente es indicio de paz y abundancia. Si, por el contrario, las aguas son turbias, sucias y violentas, destruyendo cuanto hallan a su paso es indicio de enfermedad, pérdidas, problemas y quizás dificultades en la vida familiar.

INVÁLIDOS
Vejez tranquila y dichosa.

INVENTARIO
Quiebra. No tenga mala fe.

IRIS
Cambio de vuestra fortuna y posición social. Si se ve a la derecha buen augurio, y malo a la izquierda. Partido en dos, desgracia.

ISLA
Soñarse completamente solo en una isla rodeado de agua clara indica viajes placenteros y aventuras provechosas. Ver a otros en una isla denota grandes esfuerzos para librarse de socios o relaciones no deseadas.

Los Mil y un SUEÑOS

JABALÍ
Victoria, para el que los mata; daño para el que lo ve. Consulte con un abogado.

JABÓN
Negocios enredados, que se van simplificando. A ti te toca hoy ganar el asunto.

JAMÓN
Salario, recompensa. Aumento de familia o de fortuna.

JAQUECA
Ofuscación. Penas. Duerma mucho. A todos les llega la hora mala.

JARABE
Glotonería fatal para el que lo bebe.

JARDÍN
Cultivarlo o admirarlo es señal de un próximo bienestar.

Pasearse por él indica alegría, jovialidad.

JARRA

Soñar con jarras llenas indica que se tienen muchos buenos amigos que se preocupan por nuestro bienestar. Beber de una jarra significa que estamos llenos de salud y fuerza y que siempre solemos ver el lado positivo de las cosas.

JAULA

Sin pájaro, anuncia prisión; con él, libertad, felicidad y abundancia. Una jaula con pájaros u otros animales que se muestran tranquilos es signo de matrimonio ventajoso y triunfo sobre los enemigos.

JERGÓN

No gastes bromas que puedan molestar. Acostarse en un jergón: miseria y vilipendio merecido. No hagas lo que tienes pensado.

JERINGA

Negocios embrollados, si está rota. La ley es una espada de doble filo que te puede herir si te pones a su alcance.

JESUCRISTO

Hablar con él es presagio de consuelo.

JILGUERO

Habladurías inofensivas.

JINETE

Su caída, anuncia algún perjuicio.

JOROBADO

Ver a un jorobado es indicio de buena suerte y ganancias inesperadas. Verse uno mismo jorobado: debemos esforzarnos en corregir cierto defecto.

JOYAS

Las joyas suelen siempre indicar placer y abundancia, salvo en el caso de que sean excesivamente abundantes, entonces pueden significar decepciones.

JUDÍAS

Soñar con judías no es un buen presagio. Verlas crecer puede indicar próxima enfermedad. Judías secas, penurias materiales. Comerlas, disgustos amorosos.

JUDÍO
Engaño. Estafa directa o indirecta. Si el judío hace algún favor es señal de éxito o fortuna imprevista. Para otros soñar con un judío es indicio de gran ambición y denota que finalmente se logrará lo que se desea. Discutir con un judío, peligro de que nuestra reputación comercial se vea dañada.

JUECES
Malicia y crueldad. Disculpa, si el que sueña tiene algo de qué arrepentirse. Véase justicia.

JUEGO CON DINERO
Pérdida de amigos; perder en el juego, cambio ventajoso de posición.

JUEGO SIN DINERO
Placeres efímeros.

JUGUETES
Travesuras que no dejarán de perjudicaros. El color verde es el mejor.

JUICIO
Soñar que está envuelto en un juicio indica que tiene enemigos que tratan de instigar a otros en contra de usted. Si es una mujer la que sueña significa que viejos amigos tratan de difamarla.

JUMENTO
Hermoso y bien enjaezado, cercana unión con una mujer linda y joven, con la que serás feliz; flaco y en pelo, concubina que te arruinará.

JÚPITER
Soñar con este planeta indica que pronto recibirás ayuda de gente poderosa.

JURAMENTO
Cumplirlo: honores y estima. Violarlo: desprecio.

JURAR
Si lo hacéis en sueños: guardaos de ello en sociedad.

JUSTICIA
Si os persigue, alcanzaréis placenteros amorcillos. Todo es según el cristal con que se mire.

JUVENTUD
Verse joven es indicio de felicidad y de buena vida.

Los Mil y un SUEÑOS

LABERINTO
Misterio descubierto. Situación difícil que a duras penas podremos solucionar.

LABIOS
Carnosos, amor profundo y sincero; delgados, unión frágil y fácilmente quebrantable.

LABRADOR
Fortuna próspera.

LABORATORIO
Verse en un laboratorio indica peligro de enfermedad. Estamos derrochando las energías en algo que no merece la pena. Si sueña que está realizando experimentos y que logra descubrir lo que buscaba, ello es presagio de éxitos futuros.

LADRILLOS

Soñar con una construcción en la que se pone ladrillo sobre ladrillo significa promesas y proyectos que se realizarán a corto plazo. Buen augurio.

LADRONES

Soñar que nos roban el contenido de nuestros bolsillos es un indicio de que hay ciertos enemigos con los que tendremos que enfrentarnos. Si lo robado es nuestra casa es un indicio de que nuestro nombre se verá manchado. Soñar que se es un ladrón perseguido por la policía indica problemas en los negocios.

LAGARTIJA

Desgracias ocasionadas por falsos amigos.

LÁGRIMAS

Soñar que llora es señal de adversidad e infortunio. Ver llorar a otro indica esperanza y gozo.

LAGARTO

Buen augurio. Amor, fidelidad. Bondad. Amistad.

LAGO

Soñar que está solo en un lago lodoso indica tormentos y vejaciones. Si el agua entra dentro de su bote pero usted logra achicarla es indicio de que saldrá victorioso de las tribulaciones. Estar con muchos amigos al borde de un lago claro y tranquilo augura felicidad y éxitos.

LAMER

Soñar que uno es lamido indica amistades falsas y peligrosas. Si el que sueña es quien lame, próxima reparación de un daño que le hicieron. Evite las venganzas.

LÁMPARA

Ver una lámpara encendida indica éxito en los negocios y felicidad en la casa. Si sueña que deja caer una lámpara es claro indicio de que sus planes y sus esperanzas se verán interrumpidos. Verse llevando una lámpara indica que es usted independiente y que prefiere llevar a cabo sus propias ideas, pidiendo muy raramente el consejo de los demás. Ver en la noche una linterna a cierta distancia augura una pronta llegada de dinero. Si dicha luz se apagara inesperadamente o cayera al suelo, fracaso en lo planeado.

LANA
Soñar con lana es indicio de progreso lento pero seguro.

LANGOSTAS
Soñar con langostas es un buen augurio. Indica riqueza y plenitud. Sin embargo, si se sueña que las comemos tal vez seamos víctimas de alguna afrenta pública, originada por nuestra poca sensibilidad y por tomarnos excesivas confianzas con ciertas personas.

LANZA
Si sueña que tiene una lanza en la mano y con ella hiere a un desconocido es señal de buen éxito en las empresas; si otro es el que lo hiere a usted con una lanza significa que recibirá favores y ganancias.

LÁPIDA
Significa traumas originados en la niñez y que aún no han sido superados.

LATA
Salida de un apuro.

LÁTIGO
Soñar que da latigazos a otra persona indica coraje, odio, rencor y recelo; si usted es el que recibe los latigazos, es señal de masoquismo, autocompasión y desesperanza.

LATÍN
Leerlo o hablarlo: secreto oculto.

LAUREL
Logro de ambiciones.

LAVAR
Indica dificultades, tal vez ocasionadas por un malentendido. Si sueña que se lava el cuerpo o la cara es indicio de que tendrá que vencer su orgullo y pedir algo a cierta persona.

LECHE
Si sueña que bebe leche, significa generosidad, honestidad y buenos sentimientos; si la vierte indica secreto descubierto o desavenencias familiares.

LECHO
Hallarse en una cama deshecha: peligro; en una cama bien arreglada: ventajosa posición.

LECHUGA
Véase ensalada.

LEER
Noticia favorable.

LEGADO
Compromiso de un padre por la calaverada de un hijo.

LEGUMBRES
Discordia.

LENGUA
Soñar con una lengua larga, indica proposiciones que serán aceptadas; una lengua corta es señal de noticias inesperadas; afecciones en la lengua presagian malos instintos y traición.

LENTEJAS
Depravación.

LEÑADOR
Faltas reparadas. Si el que sueña es el leñador, gracias a su trabajo y esfuerzo. Si es otro, finalmente hará las paces con nosotros.

LEÓN
Ver un león, audiencia con alto personaje; batirse con él, indicio de próxima lucha con un enemigo temible; vencerlo, victoria sobre las tentaciones; la piel de león, próxima opulencia; verlo correr, locura. Ver una jaula con leones indica que el éxito dependerá de sus propios esfuerzos. Sentir miedo por la presencia de un león indica peligros. Soñar que defiende a otros del ataque de un león predice que usted logrará descubrir y destruir los planes de sus enemigos o competidores.

LEPRA
Soñar que padece lepra, indica fortuna o sentimientos vergonzosos; si sueña con un leproso, es señal de temores infundados.

LEOPARDO
Verlo, quiere decir que hay que tener cuidado con una mujer que está muy cerca de

usted. Soñar que nos ataca indica que aunque nuestras cosas parezcan ir bien en la actualidad, se avecinan problemas. Matar a uno, vencimiento de obstáculos. Escapar de su ataque, las dificultades actuales se desvanecerán convirtiéndose en alegrías.

LETRERO
Ausencia de todo peligro.

LEVANTAR
A alguien: tendrá oportunidad de consolar a un amigo. Ser levantado: será consolado.

LIEBRE
Adquisición favorable.

LIBERTINAJE
Mal matrimonio; problemas familiares de los que ansía escapar; relaciones hipócritas; alegría fugaz.

LIBROS
Componer libros, es decir, escribir obras, indica pérdida de tiempo y dinero. Soñar que estudia los libros es signo de riqueza y honores. Libros nuevos señalan incremento de negocio, prosperidad y conquistas amorosas. Soñar que encuentra un libro lleno de dinero es un excelente augurio de éxito inmediato.

LIBRETA
Soñar con una libreta cualquiera, indica amor y placer inusitados, buen presagio.

LICORES
Falsos placeres. Verse tomando un licor alcohólico indica que tendrá muchos falsos amigos a su alrededor que tratarán de beneficiarse de usted.

LIENZO
Blanco, casamiento; colorado, fallecimiento.

LIGAS
Son presagio de achaques.

LIMÓN
Soñar que bebe zumo de limón, es señal de penas y angustias; soñar con un limonero lleno de frutos es indicio de que ha acusado a alguien indebidamente, pues es inocente.

LIMONADA
Hacerla: tranquilidad; pedirla: infortunio; tomarla: muerte.

LIMOSNA
Darla, dicha; recibirla, desgracia.

LIMOSNERO
Soñar que se piden limosnas: complacencia y buena vida.

LÍO
Falsedad.

LIRIO
Ver un lirio, percibir su aroma o poseerlo durante su correspondiente estación, feliz agüero; en tiempo irregular, vanas esperanzas.

LISTÓN
La pena que te aqueja, durará tantos días como palmos tenga el listón, si es encarnado, y semanas, si es blanco.

LOBO
Soñar con un lobo, significa que tendrá relaciones con una persona falsa o de malos sentimientos; si sueña que lucha contra un lobo, indica problemas,

obstáculos graves y difíciles de vencer; enemigo implacable, ser mordido por un lobo es señal de daños morales y resentimientos.

LOCO
Soñarse loco, dicha y protección de los grandes para el hombre que sueña; nacimiento de un hijo que llegará a hacerse célebre, para la mujer; cercano enlace para la soltera.

LOCURA
Estar loco o hacer extravagancias en público, indica larga vida. Favor de un poderoso y amor del pueblo. Placer. Si quien tiene este sueño es una muchacha o una viuda, es presagio de un próximo casamiento. Si es una mujer casada, es signo del nacimiento de un hijo, que será con el tiempo un gran personaje.

LOMBRICES
Disgustos en el trabajo cotidiano, rencillas sin importancia.

LODO
Caminar por el lodo, pérdida de confianza en alguien que

antes gozaba de nuestro aprecio; enlodarse, enfermedad. Ver a otros cubiertos de barro indica que pronto nos encontraremos con alguien que nos aburrirá sobremanera. Tener la ropa llena de barro, maledicencia contra el que sueña. Si el barro fuera de cloaca, o contuviera excrementos, dinero en abundancia.

LORO

Los significados de soñar con un loro pueden ser muchos: secretos descubiertos, posibles problemas y peleas conyugales, enfermedad curada inesperadamente, placer sin remordimientos. Hay una mujer cerca de ti, que no es familiar, que pronto te meterá en un lío, del cual te costará trabajo salir bien. El buen humor debe reinar en todo momento.

LOTERÍA

Soñar que compra un billete de lotería, es buen presagio; si sale premiado, recuerde bien los números y trate de adquirirlo.

LUCHA

Soñar que se está enzarzado en una lucha indica, para un hombre de negocios, que pronto emprenderá cambios muy benéficos. Para un empleado, que le subirán el sueldo. Ver cómo otros se pelean indica pérdida de tiempo y de dinero. Si somos atacados y vencemos al atacante es presagio de honores y prosperidad.

LUNA

Soñar que se ve la luna brillante indica amor y felicidad para la mujer y abundancia de dinero para el hombre. Ver la luna nueva, un cambio ventajoso en los negocios.

LUTO

Penas de corta duración.

LUZ

Buen presagio; ver muchas luces a la vez, provecho.

LLAGA

Fatales negocios, si no tiene cuidado.

LLAMA
Pasión o amor frustrado. Amor platónico.

LLAMAR
A alguien: necesidad de ayuda. Ser llamado: otros necesitan la nuestra.

LLANURA
Ventajas.

LLAVE
Soñar que se pierden las llaves indica que algo insospechado se cruzará en nuestro camino. Encontrar llaves es un buen presagio, indica felicidad en el hogar. Ver una llave en la cerradura: se presentarán grandes ocasiones. Dar a alguien la llave de nuestra casa: confianza inmerecida. Manejar una llave: se nos abrirán todas las puertas. Recibir la llave de una mujer: resistencia.

LLEGADA
Soñar con la llegada de una persona ausente, presagia añoranza por los tiempos pasados. Alegría por el nacimiento de una criatura.

LLOROS
Consuelo.

LLORAR
Consuelo. Posterior alegría.

LLUVIA
Soñar con una tempestad augura ira, enojos y pleitos. Una suave llovizna indica sorpresas que pueden ser favorables o desfavorables. Lluvia sin tempestad: existencia monótona y aburrida.

M

Los Mil y un SUEÑOS

MACARRONES
Soñar que se ven grandes cantidades de macarrones indica que no se va a reunir mucho dinero. Si se sueña que los come, pequeñas pérdidas.

MACETA
Cariño. Dicha.

MACHO CABRÍO
Amor criminal.

MADERA

Soñar que trabaja con madera, indica fuertes lazos familiares, metas sólidas, buena disposición de las cosas.

MADRE
Salir del vientre de su madre, indica un mal paso, del cual se saldrá airoso. Elevación en dignidades. Soñar que vuelve a entrar en el vientre de su madre, anuncia regreso a la tierra natal, si está ausente de

ella, o reunión de parientes o buenos amigos. Vivir con su madre es signo de seguridad, verla muerta presagia que la persona o los bienes del soñador corren peligro. Oír llorar a su madre es un mal augurio, ya sea para el que sueña o para la madre. Soñar que se abandona a la madre indica problemas y dificultades. Si estando muerta la madre, se sueña hablar con ella, es indicio de buenos acontecimientos. Si la oímos llamarnos, no estamos siguiendo el camino correcto. Ver su rostro triste, decepciones y disgustos.

MADRIGUERA
Uno de los familiares corre peligro.

MADRINA
Reunión con amigos o parientes cercanos, favores recibidos.

MAESTRO
Ten cuidado, no descubras el secreto que quieres guardar, y que tratan de arrancarte con engaños.

MAGOS, REYES
Pronto vendrá una agradable sorpresa, a la que deberás corresponder. Si no hay cometa que los guíe, es signo de que perderás algo de mucho valor. No olvides la serenidad. Un gran secreto será descubierto, curación de un enfermo.

MALDAD
Si sueña que comete una fechoría indica intranquilidad de espíritu, remordimientos. Soñar que cometen una maldad con usted, presagia desgracias y rivalidades entre los familiares.

MAL
Soñar que se encuentra uno mal, es indicio de buena salud corporal, pero de agitación perniciosa del espíritu.

MALETA
Soñar que prepara una maleta, indica creación de nuevos intereses que redundarán en su beneficio. Si usted realmente está a punto de salir de viaje y sueña que hace la

maleta, presagia un viaje placentero y feliz.

MAMAS O TETAS
Si son muchas, indican otros
tantos adulterios. Llenas de
leche, ganancias.

MANCHAS
Melancolía.

MANDAR
Si usted sueña que manda a
otra persona, significa que le
harán cierto ofrecimiento ventajoso: si le mandan a usted,
es señal de que tendrá ciertas
dudas y recelos hacia la persona que en sueños le ordena.

MANDIL
Dudas acerca de la fidelidad.

MANGAS
Pesares o enojos por cuestiones de honor; debes cuidar
bien tu casa.

MANIQUÍ
Enlace con una persona de
carácter débil.

MANO
Tener las manos más lindas de
lo habitual, logro en los negocios y amor de la familia; ver
quemar, secar o cortar la
mano, pronostica al hombre
la pérdida de su más firme
apoyo. Y a la mujer, la de su
marido o de la razón. Soñar
con una mano pequeña, tema
de infidelidad y cólera de los
suyos; si se trabaja con la
mano derecha, signo de dicha;
con la izquierda, infelicidad;
una mano velluda, tedio y
amistad entre los pobres y
ociosidad entre los ricos; tener
muchas manos, dicha y poder;
coger el fuego con la mano sin
quemarse, se vencerán todos
los obstáculos; contemplarse
las manos, dolencias.

MANTA
Soñar con una manta sucia es
indicio de traición. Si está limpia, indica que con cuidado y
trabajo se superará cualquier
situación difícil que ahora nos
agobie.

MANTECA
Comerla, alegría entremezcla-
da con disgustos; prensarla,

aguarde demostraciones de amistad.

MANZANA

La manzana es siempre un buen presagio. Verlas en el árbol o comerlas indica amistad y numerosa compañía.

MANTELES

Limpios, orden y buena conducta.

MANTEQUILLA

Soñar que se está comiendo mantequilla fresca indica que sus planes tendrán éxito. Si está rancia es indicio de problemas y dificultades en el trabajo.

MANUSCRITO

Soñar que trabaja en un manuscrito y logra su conclusión es signo de que logrará sus deseos. Si no lo termina, es indicio de decepciones y desengaños. Si se lo devuelven sin publicar indica que tendrá que afrontar críticas desagradables.

MANZANILLA

Dolores de estómago.

MAPA

Soñar que se examina un mapa buscando en él algún lugar es indicio de próximos cambios. Si no puede hallar el lugar que busca es señal de decepciones.

MÁQUINA

Intrigas, burlas y fraudes.

MAR

En calma, auxilio de parientes; alborotado, peligro; caer en el mar, accidente fatal.

MARFIL

Soñar que adquiere o trata una pieza de marfil, significa persona sensible, ya sea el ser amado, un pariente o un niño que requiere de su atención y cuidados. Tristeza y soledad.

MARCO

Conducta arreglada. Felicidad conyugal.

MARCHITEZ

Sufrirla o atribuirla a otros, invitación secreta o vigilar escrupulosamente todas vuestras acciones y la de los sujetos con quienes estáis en relación.

M

MARGARITA
Noticias o invitación para una boda, felicidad y paz conyugal.

MARIDO
Soñar que el marido de la que sueña está enamorado de otra mujer indica que pronto se cansará de usted y que buscará a otra persona. Soñar que su marido la va a dejar y usted no entiende por qué, indica que hay dificultades entre ustedes, que no han salido a la luz. Soñar que se enamora del marido de otra, infelicidad en su estado actual.

MARINA
Soñar con algo relacionado con la marina generalmente tiene que ver con largos viajes, empresas fructíferas y pasatiempos recreativos. Ver una flota devastada indica problemas y amigos infieles.

MARISCO
Vacío, pérdida metálica; lleno, cercano logro.

MARINEROS
Anuncian peligros en un viaje. Soñar que se es marinero indica viajes abundantes y placenteros.

MARIPOSA
Soñar con mariposas blancas significa que recibirá una alegría inesperada. Si son negras, presagian enfermedad o luto.

MÁRMOL
Riña o contienda.

MAROMA
Grandes disgustos por excesiva ligereza.

MARTILLO
Su trabajo será ampliamente recompensado, soñar que se lastima un dedo con un martillo significa desengaño.

MARTINETE
Si no cambias de conducta llorarás más tarde.

MARTIRIO
Trabajos arduos y penosos. Pocas oportunidades para sobresalir.

MÁSCARA
Hipocresía.

MÁSTIL
Trepar por él: éxito en una empresa. Ver trepar a otro: sentimientos de envidia.

MATADERO
Soñar con un matadero, significa descontrol en la economía, pérdidas materiales, gastos imprevistos.

MATAR
Ver en sueños que alguien intenta matar a otro sin lograrlo indica que pronto se recibirá dinero. Soñar que se mata a alguien en defensa propia o que se mata a un animal en esas mismas circunstancias indica victoria del que sueña.

MATORRAL
Realización de los deseos del que sueña.

MATRIMONIO
Soñar que se oficia un matrimonio es indicio de tiempos felices. Casarse, indica peligros inesperados. Presenciar el matrimonio, enfermedad o melancolía. Casarse con una persona fea, muerte o desgracia seria. Hacerlo con una bien

parecida, felicidad y prosperidad. Casarse con su propia esposa, suerte. Casarse con una virgen, honores sin beneficio material. Casarse con su propia hermana, enredos. Hacerlo con una criada, peligro de ser engañado.

MAYORDOMO
La persona a quien has encargado un negocio te engañará.

MAZORCA
Dicha efímera.

MECÁNICA
Estima, prosperidad, talento.

MECHA
Robo debido a falta de precaución.

MEDALLA
Soñar que adquiere una medalla, significa logro de metas, deseos cumplidos.

MEDIAS
De algodón o de hilo, mediana fortuna; de seda, pobreza; si se las quita, dinero que recibirá; destrozadas, engaños y tal vez opulencia.

M

MEDICINA
Tomarla con repugnancia, indica apuros, angustias; tomarla alegremente indica indiferencia, indolencia. Darla a alguien, anuncia provecho muy próximo a la Navidad. Si es agradable de tomar indica que pronto mejorará su estado de salud.

MÉDICO
Si una chica sueña con un médico ello quiere decir que mantiene pensamientos frívolos, que pueden llevarla a la tentación. Si sueña que está enferma y viene el médico a verla, pronto la tristeza se cruzará en su camino. Si es una mujer casada la que sueña con el médico, es posible que esté dando demasiada importancia a sus dolencias imaginarias.

MEDIDAS
(Litro, metro, etc.). Presagian negocio limpio y lucrativo.

MEJILLA
Soñar que da un beso en la mejilla indica sentimientos puros; una bofetada es señal de resentimientos en la familia.

MEJORANA
Verla, poseerla o percibir su olor, trabajos y tristeza.

MELOCOTÓN
Soñar que se comen melocotones en su temporada indica felicidad y satisfacciones. Si es en otra época diferente a la suya, disgustos y querellas.

MELÓN
Soñar con melones indica que nos reímos de nuestro mejor amigo, sin hacerle el caso que él se merece. Comerlos es un indicio de que tomamos las decisiones demasiado rápido sin sopesar convenientemente los pros y los contras, con el consiguiente perjuicio para nosotros.

MEMBRILLO
Amor feliz. Dicha.

MENDIGO
Soñar con una persona que pide limosna o que está lisiada, señala que deberá hacer un ajuste entre sus ingresos y sus gastos para controlar su economía. Posibilidad de pérdidas. Si uno mismo es el

mendigo es presagio de éxitos
y riquezas.

MENSAJERO
Buena señal; si se esperaba:
casamiento por interés; si no se
esperaba, sorpresa agradable.

MERCURIO
Soñar con mercurio indica un
próximo cambio en la suerte.

MERMELADA
Soñar que se come mermelada de sabor agradable indica
viaje placentero. Soñar que se
hace mermelada: un hogar
feliz y muchos amigos.

MENTIRA
Soñar que le mienten o que
usted miente, es señal de
amor o afectos no correspondidos. Confusión y duda.

MENTIROSO
Soñar que le llaman mentiroso es presagio de humillaciones por causa de falsos amigos. Si usted llama a otro
mentiroso, tendrá que arrepentirse de algún acto futuro.

MERCADO
Angustias. Penas, falta de
provisiones.

MERENGUES
Dolencias y cuidados.

MERIENDA
Tu novia es aficionada a las
comilonas.

MESA
Significa que le invitarán a
una ceremonia social importante. Soñar con una mesa
llena de manjares apetitosos
indica excesiva indulgencia y
placeres. Limpiar la mesa,
placeres que se convertirán en
dificultades. Comer sentado a
la mesa, felicidad y alegría.
Romper la mesa, desgracia.

METAL
Soñar que funde un metal es
señal de prosperidad en sus
proyectos. Si lo compra, indica negocio infructuoso; si lo
vende, desgracia o infortunio.

METRO
Herencia importante, pero
llena de pleitos.

M

MIEDO
Tener miedo, debe procurar el descanso; provocarlo, invita a tener ánimo en una próxima ocasión. Temer algún asunto en particular indica que nuestros planes al respecto no tendrán éxito.

MIEL
Comer miel significa dulce regocijo proporcionado por sus seres queridos, abundancia en el amor y en los bienes materiales. Próximo casamiento.

MIESES
Prosperidad en el comercio.

MILAGRO
Indica la posibilidad de tener una entrevista con resultados favorables, paz y armonía en el hogar.

MILITAR
Vana esperanza.

MILLONARIO
La ambición desmedida trae siempre malas consecuencias.

MINA
Si sueña que está en una mina y se mueve por ella sin dificultad, indica prosperidad. Si está perdido en ella, peligro en los negocios. Si sueña que es usted el dueño de la mina, le surgirán problemas donde usted esperaba satisfacciones. Soñar que se trabaja en una mina es indicio de que hay enemigos que lo quieren perjudicar.

MINISTRO
Soñar serlo: porvenir oscuro; solicitar favores de él: negocio fracasado.

MISA
Oírla, satisfacción interior; celebrarla, cese de cuidados; misa cantada, imponderable alegría.

MISTERIO
Soñar que se está envuelto en algún asunto misterioso es indicio de que será implicado por extraños en algo que no le dará más que problemas y disgustos.

MITRA

Te avergonzarán contándote inocentemente tus faltas.

MOCHUELO

Oír el sonido de un mochuelo es indicio de tristeza. Verlo significa que estamos siendo vigilados por personas que no desean nuestro bien.

MODESTIA

El sabio nunca se alaba a sí mismo. Ten cuidado con tus hijos pequeños.

MOLER

Soñar que muele cualquier cosa con sus manos significa tragedia próxima, tenga cuidado en sus labores diarias.

MOLINERO

Ver a un molinero en sus quehaceres es una invitación al trabajo. El que trabaja nunca es pobre. El que vive ocioso, puede llegar a serlo, por rico que ahora sea.

MOLINO

Parado, vida monótona y triste; en movimiento, existencia feliz y anhelada.

MONEDAS

Soñar con monedas de oro indica grandes portentos y mucho éxito. Posibles viajes por todo el mundo. Soñar con monedas de plata no es tan bueno, generalmente indica preocupaciones y penurias. Dar o recibir una moneda falsa: unión desventurada, cónyuge que carece de las cualidades que se le atribuían. Moneda antigua: muerte de un pariente lejano que legó su fortuna.

MONO

Es signo de enfermedades, malestares y traiciones. Ver un mono en un árbol significa que debemos cuidarnos de amigos falsos y engañosos. Soñar que se acaricia a un mono indica que alguien en quien confiamos nos traicionará.

MONSTRUOS

Todo ser viviente que no tenga la figura o forma naturales, tales como una persona con dos cabezas, cuatro brazos, una cola, etc. o bien un animal de ese estilo, es señal de contento, dicha, salud y amistad, si quien sueña es una mujer; si fuera un hombre, el sueño no significa nada.

MONTAÑA

Soñar que sube o escala una montaña, indica que logrará sus propósitos anhelados, no sin antes haber pasado por grandes trabajos; bajar una montaña, es señal de riñas pueriles; si cae de una montaña, significa pérdida económica o alejamiento de un ser querido.

MONTEPÍO

Empleo honroso y lucrativo.

MONUMENTO

Noviazgo con una persona de edad madura, muy bien conservada.

MORCILLA

Hacerla: pena; comerla: visita inesperada.

MORDEDURA

Tenga cuidado con ciertas personas intrigantes que le pueden ocasionar un gran daño.

No confíe en personas desconocidas.

MORENA

Ver una o muchas, es señal de fertilidad, abundancia de bienes y de muchos hijos.

MORGUE

Soñar que se está en la morgue buscando el cadáver de algún conocido indica malas noticias, posiblemente la muerte de un amigo o familiar. Cuantos más cadáveres veamos, más amargo será el asunto.

MORTAJA

Soñar con una mortaja indica infelicidad y tendencia a la enfermedad, también perjuicio en los negocios. Soñar que la mortaja es retirada de un cadáver indica problemas y rivalidades con quien usted menos se espera.

MOSCAS

Soñar con moscas, es señal de que pasará por un período difícil, penas y aflicciones. Problemas amorosos. También puede ser indicio de la llegada de personas poco gratas.

MOSQUITO

Soñar que se matan mosquitos es indicio de que podremos desbaratar los planes de nuestros enemigos. Verlos y ser molestado por ellos indica pérdidas materiales.

MOSTRADOR

Suspensión momentánea de agüero, evite especulaciones peligrosas. Lo más seguro es guardar el dinero en el banco.

MUDANZA

Si es de casa, fatal nueva.

MUDO-A

Querella de familia.

MUERTE

De hijo, logro; de parientes o de amigos, unión o nacimiento; abrazar a un muerto, viviréis largo tiempo; un muerto os tira del vestido, amenaza una grave enfermedad; un muerto en un ataúd, indigestión; presenciáis la muerte de un anciano, no tardaréis en llorar la de un pariente o amigo.

MULO

Soñar con un mulo indica que seremos vejados por la estupidez de otros. Cabalgar sobre un mulo, gran ansiedad por los asuntos cotidianos. Ser coceado por un mulo indica desgracias en el amor o en el matrimonio.

MUSLOS

Soñar que se tiene un muslo roto es presagio de muerte en país extranjero, lejos de la asistencia de los padres. Si la que sueña que se rompe un muslo es una muchacha, es signo de que se casará con un extranjero, y de que vivirá en tierras lejanas, separada de su familia. Si la que sueña es una mujer casada, es señal de que perderá a su marido o a alguno de sus hijos. Recibir una herida en un muslo o tener una llaga en él, anuncia fracaso en sus empresas y disgustos con padres o parientes.

MUESTRA

La reputación supera en valor a los mayores tesoros.

M

MUJER

Soñar con una mujer hermosa indica amistad duradera, amor correspondido; una mujer de tez clara significa posibilidad de recibir un dinero inesperado, buenas noticias; una mujer de tez oscura es señal de tristeza y aflicción; una mujer embarazada, presagia cambios en su vida emotiva.

MULADAR

Buen augurio; si estás echado sobre el muladar: humillación.

MULATO

Verlo, gloria y dicha; si es mujer, peligrosa enfermedad.

MULETAS

Indica que recibirá el apoyo deseado. Bienestar en la familia.

MULTA

Pagarla: ganancias en los negocios.

MUÑECA

Soñar con muñecas significa posibilidad de entrometerse en riñas y pleitos de poca importancia.

MUÑÓN

Es indicio de un peligro próximo.

MUROS

Cuestiones familiares.

MURCIÉLAGO

Negro, aflicción; blanco, regocijo.

MÚSICA

Soñar que se oye una música dulce significa prosperidad y felicidad. La música desagradable al oído indica fricciones en los asuntos domésticos.

Los Mil y un SUEÑOS

NABOS

Indican la curación del que sueña, si está enfermo; si goza de buena salud, son signo de esperanzas infundadas.

NACIMIENTO

Soñar con el nacimiento de una criatura significa que nuevos acontecimientos le llenarán de alegría, noticias favorables, tendrá un encuentro con una persona agradable.

NADAR

Placer, comodidad. Voluptuosidad. Nadar en un río caudaloso, indica futuro peligroso. Nadar hábilmente en agua clara, gran éxito en los negocios.

NATACIÓN

Soñar que practica la natación, presagia posibilidad de obtener un dinero inesperado, riqueza, fertilidad.

NAIPES O DADOS

Jugar a unos u otros sin perder ni ganar, es señal de engaños de los que será víctima; indican también pérdida de bienes a consecuencia de malvados. Si gana jugando a las cartas es indicio de que la fortuna le sonreirá. Ver muchos ases juntos anuncia próxima noticia. Muchos reyes, protectores poderosos.

NALGAS

Verse las propias, infamia; las de una mujer, lujuria.

NARANJA

Ver un árbol lleno de naranjas es siempre un buen augurio, indica abundancia y felicidad. Soñar que come o corta naranjas, significa que sufrirá ciertos sinsabores; problemas en el trabajo. Si las compra, ciertas dificultades anularán sus beneficios.

NARIZ

Verse su propia nariz indica que se tienen más amigos de los que uno cree. Tenerla obstruida, es señal de peligro de parte de un poderoso; de una infidelidad del esposo de la persona que sueña con alguien de la familia o con algún amigo, sirviente, etc. Verla más gruesa de lo que realmente es, indica riqueza, poder. Amistad de alguien importante. No tener narices, es señal de penuria, pérdidas. Enemistades, perder las narices, anuncia adulterio. Tener dos narices, es señal de discordia o de pleito; tenerla roja es signo de una próxima riña.

NÁUSEAS

Sentir náuseas en sueños es indicio de próximo embarazo.

NAVAJA

Soñar que se corta con una navaja, indica que debe tener sumo cuidado con lo que habla o comenta con los demás; soñar que se afeita, significa que podrá solucionar sus problemas ya sea a corto o a largo plazo.

NAVEGAR

Soñar que se está navegando por aguas tranquilas indica éxito de cualquier cosa que emprenda. Si las aguas están agitadas predicen sucesos desagradables que agotarán sus energías.

NAVIDAD
Nacimiento de un niño. Árbol de Navidad: fiesta infantil.

NAVÍO
Hallarse en él y si el mar se halla tranquilo, alegría y seguridad en los negocios; y lo contrario, si está agitado; hallarse en un navío naufragando, daños inminentes, fortuna incierta. Escalar el mástil de un navío o trepar por sus cuerdas: éxito en las empresas.

NECESIDAD
Soñar que se sufre necesidad indica que vamos a empezar una aventura cuyo fin es incierto. Ver a otros en necesidad es presagio de sufrimientos por excesiva bondad.

NEGOCIOS
Soñar con un negocio próspero, presagia fortuna, alegría, buenas relaciones amistosas; un mal negocio es indicio de deslealtad por parte de sus colaboradores. Si sueña que posee un negocio y la mercancía que recibe está en malas condiciones indica que pronto recibirá una carta con malas noticias. Soñar que desea abrir un negocio pero no consigue encontrar el lugar adecuado pese a haber comprado ya todo lo necesario debiendo por ello devolverlo, indica pérdidas materiales. Soñar que alguien se esfuerza por hacer que el negocio con el que sueña quiebre, indica que lo han engañado en alguna compra.

NEGRO
Ver un negro desnudo, es signo de tristeza. Penas y daños, hermanos mal avenidos. Reconciliación, cruce los dedos.

NERVIOS
Padecer en sueños una enfermedad nerviosa es indicio de grandes contrariedades.

NIDO
Encontrar un nido de pajarillos, aumento de familia; de orugas, disgustos; de serpientes, calumnias.

NIEBLA

Soñar con niebla, significa sentimientos confusos, respecto a las cosas o al ser amado. También retraso en el cumplimiento de acontecimientos previstos o alejamiento del sitio en el que tendrán lugar.

NIEVE E HIELO

Verlos en invierno, no significa nada; pero en cualquier otra estación, es señal para el labrador, de una abundante cosecha; para el comerciante y todo hombre de negocios, es signo de dificultades, pérdidas y fracaso; para los militares, es anuncio de derrotas y malos resultados en sus planes de campaña, recoger nieve o hielo es anuncio de pleitos. Verse en una tormenta de nieve, disgustos y decepciones con algo que había generado gran entusiasmo. Soñar con nieve sucia, engaños por parte de quienes usted consideraba amigos. Comer o saborear la nieve, buena salud. Recuerde que todo sueño en el que pasa frío puede ser generado por circunstancias físicas, como hallarse destapa-

do. En este caso no significa nada.

NINFA

Soñar con ninfas bañándose en agua clara es indicio de placeres y alegrías.

NIÑERA

Indica que vuestros intereses se hallan en manos de personas de poca confianza.

NIÑO-A

Soñar con numerosos niños alrededor de la casa, cuando no se tienen hijos es indicio de grandes bendiciones y suerte. Soñar que el hijo con el que sueña está enfermo indica que su bienestar se ve amenazado. Un niño muerto: problemas. Ver los pies de sus propios hijos, muy buena suerte; un niño de cera anuncia falsa amistad. Niño deforme o monstruoso, vea monstruos. Soñar con un niño o varios niños jugando, significa que recibirá buenas noticias, éxitos y armonía en el hogar. Si una mujer embarazada sueña con el nacimiento de un niño, es señal de que el bebé que dará a luz gozará de buena salud.

NOCHE
Soñar que camina en una noche sin luna, es presagio de enfermedad, muerte, pérdida, penas, peligros o fatal accidente. Si la noche es clara y estrellada, mejora de la situación. Si brilla la luna, amor romántico.

NORIA
Ver sacar de ella agua limpia es indicio de próximos cambios muy favorables. Si el agua es turbia, problemas. Caer en ella, desgracia próxima.

NOTARIO
El despacho de un notario es indicio de un negocio o herencia que reportará ganancias.

NOTICIA
Si sueña que recibe buenas noticias, es presagio de dicha efímera; noticias desfavorables, indican dolor, vanas esperanzas, disgustos y enemistades.

NOVICIO
Satisfacción por el ingreso de un hijo en la dignidad eclesiástica.

NOVIO-A
Si es usted soltero y sueña con su novia-o significa que recibirá satisfacciones en el plano sentimental. La persona de sus sueños gozará de larga vida. Si una mujer soltera sueña que es novia indica dinero, tal vez una herencia. Besar a una novia: reunión de los amantes.

NUDO
Enredos. Dificultades. Hacer un nudo es poner cortapisas a otros. Deshacerlo o desenredarlo, es poner en claro sus propios negocios o los ajenos. Pero no se meta en líos familiares.

NUEZ
Soñar que compra, vende, o come nueces, indica que pronto lo harán partícipe de una ceremonia.

NUERA
Disputa familiar.

NÚMEROS

Soñar y no recordarlos, fracaso; uno, engañosa sociedad; dos, daños intensos; tres, consulta de abogados; cuatro, disputa; cinco, pena inútil; si exceden a éste, ilusiones vanas.

NUBES

Soñar con nubes negras es signo de problemas a consecuencia de una mala administración. Si se convierten en lluvia, el origen de los problemas será una enfermedad. Nubes brillantes indican felicidad.

Los Mil y un SUEÑOS

OASIS
Presagia una temporada de descanso.

OBEDECER
Aumento de salario. Desobedecer: pérdida de empleo.

OBELISCO
Grandeza y dinero. Estar en un obelisco, es señal de una buena adquisición.

OBISPO
Poderoso protector.

OBREROS-AS
En general soñar con gente que trabaja es un buen pronóstico: aumento de bienes.

OCÉANO
Soñar con un océano en calma es un buen augurio. Significa prosperidad y buena marcha de los negocios. Verlo

agitado por la tormenta, pérdidas en los negocios y problemas en la casa. Navegar por el mar en calma es siempre bueno. Ver el océano agitado desde la costa indica que hay personas que están hablando mal de usted.

OCULISTA
Soñar que se consulta a un oculista es indicio de que la actual ocupación no es muy apropiada para nosotros y que sería bueno tratar de cambiar.

OCULTISTA
Soñar con un ocultista indica que nos sentimos inclinados a reparar alguna falta o alguna ofensa cometida. Soñar que se estudia ocultismo es indicio de que cosecharemos el resultado de nuestras buenas obras.

ODIO
Si sueña que siente odio hacia cierta persona, es señal de que tendrá que ser un poco más humilde, aceptar sus errores y pedir perdón cuando éste lo merezca. Sea más sincero consigo mismo y vea que el odio

en el fondo tiene mucho de envidia.

OFENSA
Soñar que se ha ofendido a alguien predice que encontraremos muchos obstáculos en nuestro camino antes de lograr lo que ambicionamos. Soñar que somos nosotros los ofendidos indica que somos criticados injustamente, lo cual puede hacer que en un momento inoportuno nos mostremos coléricos.

OFICIAL
Servicios mal recompensados.

OJOS
Tenerlos hermosos, es signo de alegría. Si están enfermos, es indicio de que tienes faltas de las que arrepentirte. Amorosos: infidelidad de mujer. Saltones: daño propio de la familia; cerrados: desconfianza fundada; perder un ojo, es presagio de la muerte de alguno de los suyos o de enfermedad, propia o de un familiar cercano.
Si se sueña que unos ojos nos observan con expresión

O

calculadora debemos tener cuidado con ciertas personas que nos quieren perjudicar. Para los amantes es indicio de rivales que muy probablemente los venzan en su lid amorosa.

OLIVAR
Maridos para las solteras, hijos para las casadas, fortuna para los hombres.

OLIVO
Reconciliación de dos enamorados. Si el olivo tiene aceitunas, la reconciliación tendrá consecuencias fecundas.

OLLA
Soñar que cocina cierto alimento en una olla, indica rivalidad, rencor y celos; una olla vacía, significa que siempre es bueno ahorrar para los tiempos malos; nunca salga con la bolsa vacía.

ÓPERA
Soñar que se asiste a este espectáculo indica abundancia de buenos amigos, que le ayudarán a lograr una buena posición en la vida. Aparecer en escena, envidias y celos de terceros.

OPERACIÓN
Ver que se practica una: pérdida de un amigo; sufrirla, pérdida de bienes.

OMBLIGO
Soñar que se tiene el ombligo dolorido significa enfermedad o muerte del padre o de la madre, según sea el dolor. Si no se tienen ya padre ni madre, es indicio de problemas relacionados con una herencia.

OPIO
Indica celos y envidias que pueden llegar a desbaratar sus planes.

OPRESIÓN
Vicios adquiridos por exceso de libertad, serán causa de grandes trastornos.

OPULENCIA
Soñar que se disfruta de una gran opulencia indica debilidad de carácter y falta de determinación.

ORACIÓN

Soñar que decimos nuestras oraciones indica disputas y dificultades con los amigos; si son otros los que oran, acontecimientos felices.

ORADOR

Soñar que se escucha embelesado a un buen orador indica que seremos convencidos por alguien. Si la que sueña es mujer y se siente enamorada del orador indica que es indolente y excesivamente impresionable y sentimental.

ORDEN

Soñar que se reciben órdenes indica una mejora en la situación del que obedece.

ORDEÑAR

Si sueña que trata de ordeñar una vaca y pese a todos sus esfuerzos apenas logra sacar leche, es indicativo de que hay quien desea aprovecharse y tal vez apropiarse de lo que le corresponde a usted. Defienda lo suyo y no se deje engañar por componendas. Si por el contrario, la leche fluye con facilidad, sin esfuerzo por su parte, es indicio de buena fortuna.

OREJA

Habladurías infundadas, calumnias, riñas familiares. Limpiarse las orejas, significa amistades leales y sinceras.

ORGANILLO

Tocar o ver tocar el organillo, fallecimiento de un pariente.

ÓRGANO

Soñar que se toca el órgano nos predice gran felicidad y bienestar mundano y social. Oír tocar un órgano con música muy emotiva indica amigos devotos y verdaderos. Oír música de órgano triste, pronto recibiremos noticias desgraciadas.

ÓRGANOS REPRODUCTIVOS

Libertinaje, malas costumhres y deseos inhibidos.

ORGÍA

Si no cambias de costumbres, te verás despreciado.

ORINAR

A la pared, felices negocios; en una cama, retraso de dinero. Controle cualquier exceso. Hay posibilidades de que se orine en la cama.

ORINES

Si usted sueña que se orina, ello indica que recibirá los favores o el buen consejo de un amigo o ser querido. Beber sus orines, indica gran temor y desconfianza de las personas que lo rodean.

ORO

Soñar que encuentra oro es signo de honores y riquezas. Gastarlo, desgracias y disgustos. Esconder oro indica que tendremos pequeños gastos. Poseer una mina de oro es indicio de avaricia desmedida.

ORQUESTA

Soñar que se oye el sonido de una orquesta indica que las cosas van a mejorar sensiblemente a partir de ahora. Soñar que se participa en ella es buen augurio en las relaciones con su novia o con su esposa.

ORTIGAS

Traición, ingratitud de una persona amada.

ORUGA

Desazón y disgustos ocasionados por ambiciosos.

OSAMENTAS

Travesía e inevitables disgustos.

OSCURIDAD

Soñar que yendo de viaje o de camino se hace oscuro, indica que el éxito de lo que va a emprender será más bien escaso. El mismo significado tiene perder a un niño o a un amigo en la oscuridad.

OSO

Ver en sueños a un oso, es indicio de que usted es una persona huraña, en ocasiones, poco sociable y que gusta de la soledad. Ser agredido por un oso, es señal de que tendrá problemas graves.

OSTRAS

Soñar que están servidas sobre la mesa es indicio de amistad. Comerlas sin aderezo, excelente salud.

OTOÑO
Herencia. Felicidad doméstica.

OVEJA
Soñar con ovejas, significa paz de espíritu, mansedumbre, docilidad, buenos sentimientos y alegría. Ver una manada de ovejas pastando es indicio de que sus bienes se verán acrecentados y de que le esperan cosas buenas. Ver sacrificar a ovejas indica que tendrá que privarse de muchos placeres y comodidades si es que quiere lograr sus propósitos. Soñar que tiene un corderito es indicio de felicidad.

Mil y un SUEÑOS

PABELLÓN
Mal agüero en el principio de una empresa. Pero siga adelante.

PADRE
Soñar con su padre, indica grandes responsabilidades que tendrá que afrontar; si su padre está muerto y usted sueña con él, presagia un mal paso del cual saldrá airoso. Si sueña que vive con su padre, es señal de seguridad y buenas noticias.

PADRENUESTRO
Soñar que se está rezando el Padrenuestro significa que nuestros mayores logros los alcanzaremos en el campo intelectual, por lo que debemos concentrar ahí nuestros esfuerzos.

PADRES

Si sus padres ya están muertos y los ve en sueños indica problemas. Deberá ser muy cuidadoso en los pasos que dé en un asunto de negocios. Si están vivos y sueña con ellos viéndolos felices es presagio de cambios en la fortuna del que sueña.

PADRINO

Anuncio de bautismo o de boda.

PAGAR

A los criados: trabajo recompensado con riqueza; a los acreedores, cambio de casa; una cuenta: consuelo.

PAISAJE

Vacaciones agradables.

PAÍSES EXTRANJEROS

Si sueña que se encuentra en un país extranjero o ve fotos o mapas de países extranjeros indica que pronto hará un largo viaje. Si la gente es hospitalaria y amable es indicio de que el viaje será provechoso y si es mal recibido, el significado es el opuesto. Ver extranjeros significa nuevas amistades.

PAJA

Recogida, abundancia; desparramada, desgracias. Cuanto más abundante y bonita sea, mejor empleados serán nuestros ahorros. Dormir sobre la paja, miseria. Si está mojada, prisión. Si arde, felicidad efímera.

PÁJAROS

Soñar con uno o varios pájaros, indica felicidad, mezclada con sinsabores. Verlos volar es indicio de prosperidad. Atraparlos es también un buen signo. Si los mata, significa que deberá temer de una persona astuta y cautelosa. Perseguirlos, es señal de fastidio y malestares pasajeros; oírlos cantar, presagia prosperidad en su trabajo; pájaros nocturnos y aves de presa, representan falsa amistad y traición.

PAJE

(De una corte). Seguridad, confianza.

PALA

Descuido de un asunto que reportaría grandes beneficios.

PALACIO

Soñar que se está en un palacio, sorprendido por su grandeza, indica que se gozará del favor del público. Si se le ve desde fuera, predice vejaciones y rivales envidiosos.

PALANCA

Ayuda, préstamo que hará triunfar a una empresa.

PALMATORIA

Sin vela: no se encontrará explicación a lo que intriga. Con vela: se está sobre la pista. Con la vela encendida: se encontrará la solución exacta.

PALIDEZ, PALIDECER

Noticia dolorosa.

PALMERA

Soñar con una o varias palmeras, indica salud, alegría, una existencia larga, una vida conyugal dichosa y en general muy buena suerte.

PALO

Poseerlo, tristeza; apoyarse en él: dolencia; dar palos a alguien: beneficios; recibirlos, problemas con las autoridades.

PALOMAS

Soñar con palomas indica paz, prosperidad y felicidad en el matrimonio, así como hijos obedientes y educados.

PALPITACIONES

Cavilaciones. Piensa bien las proposiciones que te hicieron ayer.

PAN

Soñar que come pan, indica que tendrá una buena racha económica o que al menos no carecerá de lo necesario para vivir. Si sueña que hornea el pan, significa bienestar, provecho, buen agüero y relaciones con personas buenas y agradecidas. Si sueña que ve gran cantidad de pan es un indicio de paz y felicidad. Si el pan está enmohecido o echado a perder, mal augurio.

PANTANO
Trabajos y pobreza. Situación de aburrimiento.

PANTALÓN
Viejo: conducta reprensible. Nuevo: indigencia. Viejo, pero cuidado, buen comportamiento. Al revés: desorden.

PANTOMIMA
Soñar que se hace indica pequeños disgustos y dificultades. Si vemos a otros hacerla, amigos indiscretos comentarán cosas que no deben.

PANTORRILLA
Bonita, lujuria; fea, serás afortunado en amores.

PAÑO
Si sueña que tiene o aparece paño en su cara indica posibilidad de sufrir accidentes domésticos o en la calle. Sea precavido.

PAÑUELO
Blanco: inocencia; de color: hipocresía; guardarlos: fidelidad; tirarlos: volubilidad; comprarlos: utilidad y alegría; regalarlo a un novio, vendrá un desastre que no tiene remedio. Se contrarresta poniendo en un pañuelo siete granitos de sal común.

PAPAGAYO
Descubrimiento de un secreto. La infidelidad siempre se descubre, no es verdad que tengan suficiente precaución. El marido ofendido se vengará y te arrepentirás de lo que estás haciendo. Cuida tu casa.

PAPEL
Soñar con un papel escrito, indica que recibirás gratas noticias; un papel blanco, significa amor y placeres puros; un papel pintado es señal de hipocresía y celos.

PAQUETE
Soñar que se recibe un paquete indica sorpresa de quien menos lo esperamos. Si soñamos que lo perdemos, una proposición que nos han hecho no llegará a nada.

PARACAÍDAS
Un amigo evitará que dé un paso en falso.

P

PARAGUAS
Soñar con paraguas indica prosperidad momentánea. Prestarlo, pérdida de confianza. Tomar uno prestado, enemistad con un amigo. Soñar que se vuelve hacia arriba a causa del viento, humillaciones.

PARAÍSO
Infortunio. Miseria. Disgustos domésticos. Cuide a sus hijos.

PARALÍTICO
En general se trata de un sueño malo. Significa que cierta persona impedirá el logro de sus metas. Obstáculos en el trabajo, enfermedades y problemas de todo tipo.

PARARRAYOS
Escapará a un gran peligro.

PARASOL
Si una persona casada sueña con un parasol es indicio de disgustos matrimoniales que pueden llegar a la separación o el divorcio. Si es un soltero, indica deseos de flirtear.

PARED
Si te impide el paso, sensibles penas y dificultad para convencer a otros de tu forma de pensar; si la vences, regocijos.

PARIENTES
En general encontrarse con parientes, tíos, primos, etc. es buen augurio. Presagia armonía y agrado. Si los parientes son políticos: yernos, nueras, suegros, cuñados, etc. es indicio de desavenencias.

PARÍS
Soñar con la ciudad de París significa que muy pronto se logrará algo ardientemente deseado.

PÁRPADOS
Abiertos, aprecio general; cerrados, todo lo contrario.

PARQUE
Caminar o jugar en un parque significa próximo bienestar, jovialidad y alegría.

PARTO
Asistir a un parto indica próxima fortuna. Parto laborioso o mortal, es señal de que se

frustrarán todas las esperanzas. Feliz, presagia prosperidad. Si una mujer sin estar
embarazada sueña que da a
luz una niña es indicio de placeres mezclados con dolores.

PARRAL
Abundancia.

PASAPORTE
Viaje al extranjero.

PASEO
Soñar que se pasea, indica
que vamos a emprender un
negocio altamente rentable.
Si vemos pasear a otros, com-
petencia leal en los negocios.

PASTAS
Soñar que hacemos pastas y
pasteles indica placeres y
beneficios. Verlas, hay alguien
que nos quiere engañar.
Comerlas, reunión feliz con
amigos.

PASTEL
Soñar que prepara un pastel,
significa habladurías, murmuraciones, pactos secretos
con fines ilícitos. Si sueña que
se come un pastel indica que

debe cuidar de sus bienes o
negocio. Soñar con un gran
pastel o tarta es indicio de
éxito en sus empresas.

PASTELERÍA
Ver una pastelería en sueños
indica que se tiene una fuerte
tentación que podrá resultar
fatal para nuestra reputación.
Comer en sueños pasteles y
bizcochos indica que se come-
terá un disparate sucumbien-
do a dicha tentación.

PASTILLA
Posible regalo con miras interesadas.

PASTOR-A
Os avisa de que cuidéis perso-
nalmente vuestra hacienda.

PATATAS
En general soñar con patatas
es buen augurio. Sembrarlas,
nuestros sueños se harán realidad. Extraerlas, éxito. Comerlas, abundancia.

PATENTE
Soñar que se ha inventado y
patentado algo indica que el
que sueña posee un fuerte

poder de razonamiento y de investigación, gustando de pisar siempre sobre terreno sólido. Si no se logró completar el invento ello es indicio de que se agotan demasiado los razonamientos. Confíe más en su primera impresión.

PATINAR

Soñar que patina o resbala es señal de deshonor, pérdida de la salud, falta de confianza en sí mismo, posibilidad de sufrir ataques de enemigos o personas envidiosas. Piense dos veces antes de acometer un cambio que tiene en mente. Ver patinar a otros es augurio de humillaciones por parte de algunos que le envidian.

PATIZAMBO

Desconfiad de un falsario.

PATOS

Soñar con estas aves denota que un amigo nos dará una sorpresa, tal vez viniendo a cenar. Verlos matar, indica que hay enemigos que interferirán en tus planes. Verlos volar presagia un cambio en los negocios, para mejor.

Cazarlos, posibles dificultades con tu jefe.

PAVO

Indica que tratarás con una mujer tonta y desagradable, le robarán o sufrirá un accidente. En general, los pavos representan personas tontas o presumidas.

PAVO REAL

El hombre que lo sueñe, tendrá una linda esposa; la mujer, un buen marido; los casados, hermosos hijos. Soñar que se le quitan algunas de sus hermosas plumas indica que fallaremos en algo a causa de nuestro desmedido orgullo.

PAYASO

Indica pereza, mala conducta y malas compañías.

PAZ

Si quieres tenerla observa buena conducta.

PECES

Abundancia, si fuesen grandes; si son pequeños, escasez para el que los vea pescar; ser comido por los peces, melancolía; ver

peces muertos, vanas esperanzas.

PEDRADAS
Galanteo.

PEGAMENTO
Soñar que tenemos cola o pegamento en la ropa indica
que ciertas personas con las
que tratamos están ocultando
sus verdaderos sentimientos
hacia nosotros, a fin de ganar
nuestra confianza y aprovecharse de nosotros con fines
egoístas. Soñar que se está
encolando algo indica que
tendremos que ocuparnos de
nuevo de asuntos que creíamos ya solucionados.

PEINE
Ver un peine en sueños significa excusas y explicaciones
inútiles.

PEINAR
Soñar que se peina, indica
enfermedad, muerte, peligro
de sufrir un robo o accidente.

PEINADO
Signo peligroso.

PELEA
Soñar que se pelea con un
desconocido indica que pronto conocerá a alguien que
más tarde hubiera preferido
no conocer nunca. Pelearse
con un amigo es indicio de
muy buena relación con él.
Pelearse con su pareja, se
estará más unido que nunca.

PELÍCANO
Ver un pelícano en sueños
indica éxito, pero que llegará
de un modo lento y paulati-
no. Soñar que se atrapa a uno,
descubrirás a tu enemigo antes de que te pueda hacer
gran daño.

PELOTA
Jugar, cercano cobro; verla
botar, tardanza del mismo.

PELUCA
Reumatismo crónico. Consulte con el médico.

PELUQUERO
Elegante prosperidad.

PEPINILLOS EN VINAGRE
Soñar que se comen indica esfuerzos mal dirigidos, problemas

amorosos y también la existencia de muchos rivales.

PERA
Si sueña que come peras verdes o agrias indica separación, divorcio o alejamiento de familiares; peras maduras presagian alegrías y placeres inusitados.

PERCHERO
Vejez prematura, inteligencia mediocre.

PÉRDIDA
Soñar que se pierde parte de la ropa indica que asistiremos a una reunión de amigos, donde causaremos cierta admiración. Soñar que se pierde algo valioso, indica próximas ganancias, al menos por el valor del objeto perdido. La pérdida de dinero tiene el mismo significado.

PERDIZ
Soñar con este pájaro indica intimidad con mujeres desagradecidas. Matar una perdiz es señal de que tenemos capacidad para adquirir riquezas pero no para conservarlas. Si

al comerla se sienten cosquillas en el paladar, éxito y alegría.

PERDÓN
Soñar que somos encarcelados por algo que no hemos hecho y finalmente somos indultados, indica que los problemas actuales finalmente resultarán en nuestro favor.

PEREGRINACIÓN
Indica que un médico recetará un medicamento erróneo o bien que el farmacéutico lo preparará mal.

PERIÓDICO
Soñar que compra o lee el periódico, significa temores infundados, calumnias y maledicencias.

PERFUMES
Soñar que uno se perfuma a sí mismo indica que oiremos muchos cumplidos y alabanzas. Si recibimos el perfume como regalo es indicio de prosperidad y relaciones con personas muy inteligentes. Olerlo es buen augurio.

PERLAS
Miseria, tristeza. Pescarlas, indica penuria y hambre. Ensartarlas, fastidio y soledad.

PERRO
Soñar con su propio perro, significa que ciertas personas necesitarán de su ayuda y consejos; si es un perro ajeno, indica posibilidad de sufrir engaños, perjuicios o daños; un perro rabioso, es señal de que seremos molestados por personas de mala fe; si se sueña que somos mordidos por un perro, es indicio de habladurías y deshonor; perros que pelean, presagian enemistades y desavenencias con la persona amada; perro o perros que ladran anuncian malestares y habladurías.

PERSONAJES
Ser abandonado por ellos, indica alegría, consuelo, dicha; recibir la visita de un personaje, es signo de honor y consideración.

PESADILLA
Preocupación, angustia, miedo a la vida y a hacer frente a los problemas cotidianos. Relájese y observará las cosas con más objetividad.

PESADUMBRE
Alegría inmediata. Protección de los superiores. Se aumentará la familia.

PESCAR
Soñar que se está pescando en agua clara y se puede ver a los peces morder el anzuelo y además se logra pescarlos es indicio de que pronto se descubrirá algo muy ventajoso para el que sueña. Si no consigue pescar, indica que sus esfuerzos resultarán infructuosos.

PESO
Soñar que gana peso, significa riqueza inesperada, placeres satisfechos y orientación; perder peso indica penas, enfermedades y pérdidas económicas.

PESTE
Fortuna mal adquirida, que se procura enmendar.

PETACA

Llena: amistad fiel; vacía, abusan de ti. Ve con cuidado.

PIANO

Si sueña que toca el piano o que lo oye tocar, indica un amor grande, correspondido y dulce. Soñar que aprende a tocarlo, significa deseos y placeres satisfechos. Si su música es discordante, posibles disputas familiares.

PICADURA O MORDEDURA

Indica mucho trabajo y también, quizás, algunas pérdidas económicas.

PÍCARO, PICARDÍA

Pleitearás o estarás preso.

PICHONES

Acontecimientos felices.

PIEDRAS

Caminar entre las piedras, es indicio de que será víctima de un engaño. Piedras preciosas, significan vanas y efímeras satisfacciones.

PIEL

Blanca, confianza; morena, doblez, ingratitud; piel de animal, crueldad.

PIERNAS

Soñar con las piernas de una mujer significa pérdida de dignidad y actos tontos acerca de cierta criatura sosa. Tener una pierna herida, pérdidas y disgustos. Soñar que tiene más de dos piernas indica que tiene entre manos más asuntos de los que puede abarcar con éxito. Soñar que está inválido de las piernas es señal de pobreza.

PIES

Soñar que se lava los pies, indica inquietudes en el trabajo, contratiempos; si sueña que le cortan o amputan un pie, significa que sufrirá pérdidas, infortunios o separación. Pies sucios o infectados, son señal de deshonra y acechanzas de enemigos; pies enfermos o ulcerados representan ingratitud, riñas o pleitos.

PILA

(De agua bendita). Consuelo en las aflicciones.

PINO, PIÑA

Trato con personas decentes y rectas. Matrimonio ventajoso. Cambios favorables. Soñar que come un trozo de piña, indica penas y trabajos arduos.

PINTAR

Soñar que uno está pintando indica posible enfermedad o noticias tristes de un ausente. También que estamos malgastando nuestra energía y vitalidad en algo que no nos va a proporcionar beneficio alguno. Si es una mujer la que sueña que pinta un cuadro indica que la persona que ella adora, quiere a otra. Ver pintar a otro es indicio de buenas noticias.

PINTURA

Soñar que se está cubierto de pintura significa que nuestro orgullo sufrirá bastante a causa de las críticas injustas de los demás. Admirar bonitos cuadros significa que ciertos

amigos que creíamos sinceros, en realidad no lo son tanto.

PIOJOS

Tenerlos y experimentar un fuerte picor, ocasionado por ellos, es signo de mucho dinero y de toda clase de riquezas. Juegue a la lotería.

PIPA

Soñar que fuma en pipa, indica alegrías entremezcladas con sinsabores.

PIRÁMIDES

Esplendor y riquezas; hallarse en su cúspide, fortuna.

PISCINA

Soñar que está seca o sin agua significa que pasará por problemas familiares. Si la viera llena de agua y muy azul o verde, es símbolo de esperanza y alegría.

PISTOLA

Soñar que se dispara con una pistola es indicio de que acusaremos a alguien basándonos sólo en meros rumores, por lo cual tendremos que pedir perdón. En general, soñar con pistolas indica peleas.

PLANCHA
La ley no deja nada a los litigantes; tú ganarás el pleito, pero los costes importarán más que el valor del negocio.

PLAGA
Soñar con cualquier tipo de plaga suele predecir malos negocios, incluso liquidación de los mismos en medio de la tristeza y el desencanto.

PLANTAS
Soñar con plantas verdes, es indicio de fama y fortuna. Si sueña con plantas secas, indica que una noticia desfavorable lo llenará de tristeza.

PLATA
Encontrada, vida dilatada; venderla, beneficio; comprarla, pérdida; combinarla, le darán disgustos. Soñar con objetos de plata indica que el que sueña es una persona excesivamente materialista, con pocos intereses espirituales. Soñar con monedas de plata, vejaciones y disgustos.

PLÁTANO
Soñar con esta fruta indica que se está a punto de contraer un matrimonio desafortunado. Comer plátanos, pérdidas en los negocios.

PLATINO
Relaciones con una persona de grandes cualidades.

PLATO
Si sueña que rompe un plato, indica que tendrá que realizar ciertos gastos inesperados, pérdida económica; un plato con alimentos, significa riqueza, opulencia, bienestar. Platos de oro o de plata, presagian disgustos o riñas.

PLAYA
Placeres mundanos. Si está muy concurrida: éxito en sociedad.

PLAZA
Éxito mayor cuanto más grande sea la plaza.

PLEITO
Pleitear, amistad inalterable, tiempo o intereses perdidos; verse obligado a pleitear: éxito.

PLOMO
Mal trato.

PLUMAS
Blancas: alegría; negras: lloros. Plumas ornamentales sobre nuestro cuerpo: honores y prosperidad. Plumas al viento: relaciones con una persona muy coqueta y superficial.

POBRE
Pordiosero; soñar con una persona de escasos recursos económicos, indica pobreza y desengaño.

PODA
De árboles: ahorro que asegurará el porvenir.

POLICÍA
Soñar que se es detenido por un delito del cual uno es inocente indica que el éxito está rondando muy cerca de nosotros. Si resulta que sí somos culpables de aquello de lo que nos acusan, es señal de que nuestra fama sufrirá cierto deterioro y de que algunos amigos nos darán la espalda.

POLILLA
Amigos falsos.

POLVERA
Atrevimiento feliz, malas nuevas. Conflicto por excesiva confianza. Una simpática conquista amorosa.

POLVO
Soñar que se está totalmente cubierto de polvo indica pérdidas económicas debido a que alguien en quien confiábamos nos ha fallado. Si estando totalmente cubierto de polvo, llueve sobre el que sueña, ello no hace más que confirmar lo ya dicho.

POLLO
Soñar con pollos que pían, significa calumnias y pleitos. Pollos silenciosos, presagian seguridad y buenas esperanzas.

PORTAMONEDAS
Si no eres más laborioso, de nada te servirá el dinero.

POSADA
Llena y ruidosa: éxito en los negocios durante el viaje.

Vacía: lentitud, disminución en los beneficios.

POSTRES
Placeres dispendiosos y funestos.

POZO
Caer en un pozo, indica decepciones sentimentales, sacar agua es señal de alegría y jovialidad de espíritu; pozo de agua clara, presagia el nacimiento de un bebé con buena estrella; de agua turbia, representa contrariedades y aflicciones.

PRADERA
Ver una pradera en sueños indica lujos y estima por parte de los demás. Soñar que se está perdido en una pradera, tristeza.

PRECIPICIO
Caer en un precipicio, indica grandes ultrajes y peligros para el que sueña, y principalmente riesgo de fuego. Verlo: se está preparando una trampa en contra de nosotros. Ver a alguien en el fondo de un

precipicio: un amigo necesita ayuda.

PREGUNTAS
Hacerlas, inoportuna curiosidad.

PREMIO
Si sueña que recibe un premio, indica posibilidad de sufrir daños materiales o pérdidas. Darlo, significa trabajo productivo y holgura económica.

PRENDA
Dar, recibir o cambiar alguna prenda significa fidelidad eterna.

PRESENTES
Hacerlos, predice ruina y demencia. Recibirlos, provecho para tu casa.

PRESIDENTE
Tiempo y dinero perdidos en caso de meterse en negocios ajenos.

PRESIDIARIO
Soñarse preso indica que el matrimonio no será acertado. Ver a un presidiario que se

escapa: fin de una preocupación.

PRESTAR

Soñar que presta dinero a alguien indica dificultades para poder cumplir con sus propios compromisos y deudas. Prestar objetos indica que puede llegar a verse muy necesitado debido a su excesiva generosidad. Negarse a prestar algo, beneficios y respeto de los demás.

PRESTIDIGITADOR

Soñar con un mago o prestidigitador significa que nos gustan mucho los viajes, que tenemos grandes facultades de observación y cierta inclinación hacia el ocultismo.

PRIMERO

Ser el primero en un desfile, en un concurso, etc. presagia ruina total.

PRIMO-A

Matrimonio por afecto.

PROCESIÓN

Hay quien finge mucho interés por nosotros escondiendo sus verdaderas intenciones.

PROFESIÓN

Soñar que ejerce cierta profesión o la real indica prosperidad asegurada, beneficios y dicha familiar.

PROFETA

Con un poco de previsión evitará un lance desagradable.

PROMESAS

Las promesas que nos hagan en sueños no se cumplirán.

PROVISIONES

Hacerlas: lentitud prudente, utilidad próxima, dinero o vestidos robados. Véase robo.

PUENTE

Pasar por un puente indica que se superarán todos los obstáculos y que nos encaminaremos hacia el éxito. Si el puente se hunde bajo sus pies, cuidado con los falsos amigos. Cruzar un puente en malas condiciones o incluso peligroso, indica buenos negocios.

P

Cruzar sobre un puente de ferrocarril y verse obligado ante la llegada del tren a suspender su cuerpo del vacío para salvar la vida, lográndolo con éxito, significa que todos sus esfuerzos en los negocios serán recompensados.

PUERCOESPÍN
Ver un puercoespín presagia disgustos en los negocios. Si es una persona soltera quien lo ve, asuntos delicados relacionados con su novio-a.

PUERTA
Derribarla, indica una próxima prisión. Puertas quemadas o consumidas, anuncian la muerte de la dueña de la casa, y a veces de la persona que sueña. Puerta cerrada, impedimento a los deseos del que sueña. Puerta abierta, facilidades. Escuchar tras las puertas, celos.

PUERTO
Buenas noticias.

PULGAS
Soñar que le pican las pulgas, indica personas que le harán pasar un momento engorroso. Abundancia de dinero.

PÚLPITO
Verse a uno mismo hablar o predicar desde el púlpito indica penas y pérdidas causadas por los negocios.

PULSO
Soñar que le toma el pulso a alguien indica que sus actos serán descubiertos y sometidos a la crítica. Sentir el pulso propio es indicio de que el sistema nervioso necesita cuidados.

PUÑAL
Si sueña que hace uso de un puñal, significa que debe cuidarse de sus enemigos o personas que le quieran procurar un daño. Habladurías.

PUÑO
Tener enfermo el puño, malas noticias; dar o recibir puñetazos: libertad en peligro.

PÚSTULAS
Riquezas.

QUEJA

Oír una queja en sueños: se causará una desgracia. Elevar una queja: nuestros males mejorarán. Quejarse uno mismo: si seguimos la primera inclinación tendremos que lamentarlo.

QUEMAR

Soñar que se quema su casa, significa mal augurio, peligro de enfermedad o muerte; un establecimiento comercial indica pérdidas económicas; quemarse alguna parte de su cuerpo, es señal de infortunio e incapacidad para dedicarse al trabajo; soñar que se quema algún mueble o parte de su casa, presagia riña y conflictos familiares; si sueña que se quema algún edificio, representa grandes problemas que se avecinan; soñar que uno es quemado a fuego lento, señala inestabilidad en sus relaciones amorosas. Sin embargo, si el fuego está en su lugar: chimenea, fogón, antorcha, etc. significa éxito en los negocios y futuro prometedor.

QUERELLA

Constancia y amistad; de hombre, celos; de mujer, tormentos; entre hombre y mujer, próximo amor.

QUERIDA

Pegar o maltratar a su propia amante, indica brutalidad.

QUESO

Soñar que se come queso indica desgracia y sufrimientos. Hacerlo, pequeños beneficios que a la larga se convertirán en una enorme fortuna.

QUIEBRA

Prosperidad. Enterarse de una quiebra significa ingresos inesperados.

QUÍMICA

Dedicarse en sueños a la química indica que pronto comprenderemos ciertos asuntos que nos intrigan.

QUINTA O CASA DE CAMPO

Provista de trigo: rico casamiento, ganancia de un pleito, herencia, fiestas y regocijos; incendiada o destruida, daños y hasta peligro de muerte para su dueño.

QUIROLOGÍA O QUIROSOFÍA

Si una mujer sueña con esta antigua y maltratada ciencia indica que posee una gran fuerza psíquica y que puede adivinar las cosas de los demás. Si es un hombre, quiere decir que posee el don de animar a los demás ayudándoles a alcanzar el éxito. Soñar que nos leen las palmas de la mano indica que tenemos muchos amigos verdaderos aunque algunos nos digan nuestros defectos abiertamente. Soñar que leemos las manos es un indicio de fama y riqueza. Si sueña que lee la mano a un sacerdote es indicio de un gran poder mental y de capacidad para manejar multitudes.

R

RÁBANO
Soñar con rábanos indica que sus deseos se verán satisfechos. Revelación de secretos o cuestiones domésticas. Comerlos puede ser indicio de sufrimientos a causa de traiciones de otros.

RABIA
Soñar con un animal rabioso, indica dolor, enojo, impaciencia y disgustos. Si se consigue cazar o matar al animal con rabia quiere decir que lograremos vencer a nuestros enemigos.

RAÍCES
Comerlas es señal de discordia.

RAMA
Significa posibilidad de establecer relaciones importantes o ventajosas, noticias agradables. Si soñamos que un leñador

corta ramas es indicio de pérdida de dinero, de afectos o de posición.

RAMERA
Honor y provecho.

RAMILLETE
Próxima boda o evento social.

RANA
Soñar que las ranas saltan a nuestro alrededor indica abundancia de amigos sinceros. Soñar que las coge suele ser indicio de una pérdida de vitalidad que puede convertirse en enfermedad. Oírlas, es señal de que debemos desconfiar de los aduladores, habladores, ignorantes e indiscretos. Para algunos, soñar con ranas es indicio de próximo matrimonio por dinero.

RAPTO
Soñar que se rapta a alguien es indicio de un amor contrariado.

RAQUETA
Si sueña que juega con una raqueta significa acogida favorable, hospitalidad, paz en el hogar y tranquilidad de ánimo.

RASGUÑO
Pena, disgusto, sentimiento pasajero. Con dinero prestado no resuelve el asunto.

RATAS - RATONES
En la inmensa mayoría de los casos soñar con estos roedores indica pérdidas por robo. Hay que extremar las precauciones. Esto ha sido comprobado en más de una ocasión por quien esto escribe. Según algunos autores puede también ser presagio de incendio, peligro próximo o pleito azaroso. Matar una rata es indicio de que se saldrá victorioso de los problemas.

RATONCILLOS
Disgustos provocados por una mujer.

RAYO
Verlo caer de repente junto a uno, indica que el que sueña tendrá que fugarse. Sobre todo si ocupa un empleo importante. Si cae sobre una persona o en su casa es peligro de

muerte. Ver el resplandor del rayo indica prosperidad pero de muy corta duración.

RECETA
Anuncia un impuesto o un retraso en el cobro.

RECHAZAR
A alguien: el despreciado será uno mismo. Ser rechazado: lo contrario.

RECITAR
Soñar que se recita algo es indicio de que los demás no van a creer nuestras mentiras.

RECOMPENSA
Si es hombre, retribución espléndida. Si es mujer, amor correspondido.

REDES
Soñar que se encuentra atrapado entre redes, indica confusión, incompetencia, intranquilidad y desasosiego; si usa redes para pescar significa que es mejor el perdón y el olvido que el rencor.

REDONDO
La visión de objetos redondos es un pronóstico favorable en cuanto al cumplimiento de un deseo.

REFRESCO
Las estrecheces tendrán un término favorable o inesperado.

REFUGIO
Soñar que se busca refugio indica que necesitamos auxilio. Si lo encontramos, lograremos la ayuda necesaria.

REGALO
Si lo recibe indica bienestar, cambio de fortuna y buenas noticias; si lo da es señal de ingratitud y desgracias.

REGAÑAR
Desobediencia.

REGAR
Soñar que riegan flores o un jardín indica abundancia y salud para un enfermo. Triunfo y éxitos.

REGATEAR

Soñar que regateamos indica que pagaremos por algún objeto el triple de su valor.

RÉGIMEN

Soñar que se sigue un régimen de frutas es indicio de bienes materiales y felicidad asegurada.

REGISTRAR

Soñar que estamos registrando a alguien indica que seremos víctimas de un pequeño robo. Si registramos los bolsillos de un ausente: celos sin motivo. Ser registrado: sospechas injustas.

REGOCIJOS

Públicos: miseria personal.

REGRESO

Soñar con el regreso de una persona ausente, es indicio de que volverá a recuperar cosas o posiciones que había perdido. Reconciliación.

REGIMIENTO

Protección en las empresas.

REINA

Soñar con una reina es un sueño benéfico, presagia éxitos en nuestros nuevos asuntos. Si la reina con la que se sueña ha perdido su belleza, disgustos y decepciones.

REINO

Soñar que se gobierna un reino indica abandono de estado. Esperanzas mal fundadas. Tenga cuidado.

REÍR

Significa separación, malas noticias, burlas y trabajos pesados y abrumadores.

REJA

Ver una delante de sí es signo de próxima libertad.

REJUVENECER

Dicha.

RELÁMPAGO

Ver un relámpago extraño u otros signos en el cielo es señal de discordia, de guerra. Véase arco iris.

R

RELIQUIAS

Soñar con alguna reliquia indica que debemos tener cuidado con objetos valiosos de nuestra propiedad. Recibir una reliquia como regalo presagia que vamos a romper o estropear algo que estimábamos mucho.

RELOJ

Soñar con un reloj, sea de pared, bolsillo, pulsera, etc., indica resurgimiento de un amor del pasado, tiempo perdido en actos infructuosos, odios y rencores. Oír el sonido de un reloj despertador indica malas noticias, tal vez la enfermedad o muerte de un amigo. Comprar un reloj es indicio de buenos propósitos. Dar o recibir un reloj: buenos consejos, dados o recibidos. Reloj perdido o robado: malas compañías. Encontrar un reloj: regalo útil. Montar un reloj o verlo montar: reprimenda o incluso castigo que se recibirá.

REMAR

Soñar que se está remando con amigos en una barca indica futuros placeres derivados de la amistad. Si la barca no navega bien, dificultades económicas. Si se gana una carrera de remos, honores. Si se pierde, sus rivales en el amor lo desbancarán. Si este sueño se tiene estando en medio de una situación comprometida indica que pronto tendrá una posibilidad de solucionarla.

REMENDAR

Soñar que se remienda una prenda vieja indica que ya nunca más volveremos a abusar de la confianza depositada en nosotros, pues ya hemos corregido nuestros errores pasados y somos personas honorables. Remendar una prenda nueva indica beneficios de tipo especulativo.

REMOLACHA

Soñar con este tubérculo puede ser indicio de una persona del sexo opuesto, que tal vez no sea demasiado agraciada, pero que es muy capaz de darnos la felicidad.

REMORDIMIENTOS

Indican reflexiones sobre el pasado.

REMOS
Remar uno mismo solo, estorbos y fatigas; romper un remo, peligro de muerte; ver remar a los demás, buena noticia.

RENCOR
Si lo sentía en sueños contra alguien trate de disiparlo despierto.

RENO
Soñar con un reno indica muchos y buenos amigos. Cabalgar sobre un reno, beneficios y prestigio en los negocios.

RENTA
Soñar que alquila o paga la renta de un albergue, señal de insatisfacciones, desconsuelo, disgustos domésticos y riñas.

RESUCITAR
Ver resucitar a alguien es indicio de alegría inesperada.

RETRATO
Larga vida para la persona retratada; traición para el que acepta un retrato.

REPTILES
Soñar con reptiles de aspecto inofensivo y observar sus graciosos movimientos indica que recibirá un dinero que usted ya había dado por perdido. Si son agresivos y amenazan con atacar, enemigos renovados. Matarlos, vencimiento de obstáculos. Cogerlos sin miedo ni peligro, enemigos convertidos en amigos. Si una joven es asustada por un reptil en sueños ello indica que su amante ha puesto los ojos en otra.

RESBALAR
Traición de la persona que amamos. Si se llega a caer, esta traición le originará un gran disgusto. Si no se cae: superará la crisis.

RESFRIADO
Correspondencia interrumpida, catástrofe, injusticia próxima. Enfriamiento entre enamorados.

RESTAURANTE
Invitación que le costará cara.

REUMATISMO

Empleo o empresa que será necesario abandonar por motivos de salud.

REUNIÓN

Soñar con una gran reunión de personas, pudiendo haber entre ellos familiares y amigos, puede ser indicio de una noticia alarmante, que pondrá en pie a toda la ciudad.

REVÉS

Ver alguna cosa por el revés significa que estamos siendo engañados.

RESOLUCIÓN

Despotismo, anarquía doméstica.

REVÓLVER

Manejar un revólver en sueños es presagio de peleas y disputas. Es conveniente tratar de autocontrolarse más.

REY

Soñar que se ve a un rey indica que nos estamos esforzando en la dirección equivocada. Hablar con él, perdón de nuestras faltas. Si la conversación fuera excesivamente larga, denota que hay personas de nuestra confianza que tratan de perjudicarnos.

REZAR

Rezar una oración completa es un pronóstico favorable en el cumplimiento del deber.

RIACHUELO

De agua clara y cerca de la casa del que sueña, es presagio de que éste tendrá un empleo honorífico y lucrativo con el cual podrá hacer obras de beneficencia, pero si el agua fuera turbia, es señal de daños ocasionados por enemigos, o de incendio, o pleitos. Véase fuente.

RIÑA

Es indicio de afecto creciente.

RIÑONES

Si sueña que los come, significa que pronto caerá enfermo por sus excesos en la comida. Si son de un ser humano, pronto sabrá de la enfermedad de una persona, que le causará mucha tristeza. Si los ve sólo de lejos en algún sitio donde los venden, noticias de enfermedad de amigos que están lejos.

RÍO
Nadar en él, próximo daño; encontrarse en un río impetuoso y no poder salir, peligros, enfermedades y pleitos; ver un río apacible y poco caudaloso, posesión de una linda mujer o logro de sus anhelos; un río transparente recorre vuestra habitación, poderoso protector; si su agua es turbia, querellas y desórdenes. Ver cómo un río se desborda pero con aguas claras, indica próximo encuentro con una persona importante. Si ocurre esto mismo pero el agua está sucia o con barro, es presagio de disgustos por indiscreciones de otros.

RIQUEZA
Soñar con riquezas indica que la realidad será totalmente contraria al sueño.

RISA
Soñar que se ríe significa éxito y relaciones agradables. Oír la risa de un niño, alegría y salud para el que sueña. Si son mayores los que se ríen, ruptura de una amistad.

RITO
Soñar que participa en alguna ceremonia de tipo religioso, sea de la religión que fuere indica que deberá esperar cosas buenas. Pronto tendrá en su poder aquello que desea. Tiene con usted una gran protección.

RIVAL
Soñar que mantiene diferencias con un rival indica que usted es bastante débil y no llega a imponer su criterio. Si vence a dicho rival, es un buen augurio, llegará a ser un gran líder.

ROBLE
Riqueza y larga vida.

ROBO
Si sueña que roba o es víctima de un robo significa posibilidad de sufrir pérdidas por descuido. Su personalidad conquistará la simpatía pública en cierta reunión. Si sueña que sorprende a una mujer

robando algo y la detiene hasta la llegada de la policía y cuando ésta se presenta, la suelta por su agradable sonrisa o porque ella los haya convencido de su inocencia indica que si usted revela sin necesidad un secreto de su vida pasada podrá lamentarlo mucho en el futuro. Si usted mismo roba algo pero es perdonado al devolverlo, indica que recibirá dinero de una fuente inesperada. Acusar a otros de robo es indicio de falta de consideración con los demás.

ROCA
Trabajos y penas; saldrá con dificultades; éxito tardío; pérdida de padres o amigos.

RODEADO
Verse en sueños rodeado es indicio de que algo se está tramando en nuestra contra.

RODILLA
Herida, miseria; cansada, enfermedad; hinchada, obstáculos en los negocios. Para algunos ver en sueños una rodilla es indicio de próxima calvicie.

ROMA
Soñar con la ciudad de Roma suele ser indicio de promesas fabulosas que esconden algún engaño.

ROMERO
Soñar con romero indica que disfrutará de muy buena fama.

ROPAS
Soñar que va vestido con ropas viejas o sucias indica que hay una conspiración contra usted. Sea precavido al tratar con desconocidos demasiado amables. Soñarse con ropas nuevas y limpias, sin embargo, es un buen augurio. Soñar que se tiene un guardarropa tan lleno que uno no sabe qué ponerse indica posibles necesidades y tal vez dificultades de tipo legal.

ROSARIO
Soñar que reza el rosario, significa consuelo y alegría.

ROSAS
Verlas en primavera, es buena señal; a menos que el que sueña esté enfermo o escapado, en cuyo caso son indicio de

peligro de vida o libertad. Verlas fuera de la estación, todo lo contrario de lo que queda dicho. Darlas: obsequio; si te pinchas con las espinas, debes tener cuidado con las amigas íntimas.

ROSTRO
(Ver cara).

RUECA
Pobreza.

RUEDAS
Ver en sueños ruedas girando velozmente indica que las cosas se irán ajustando poco a poco de un modo espontáneo. La rueda de la fortuna es señal de peligro inminente. Si es la rueda de la ruleta, debe tener cuidado, el que juega por necesidad, pierde por obligación.

RUIDO
Oír ruidos significa que se está hablando mal del que sueña. Más cuanto mayor sea el ruido.

RUINA
Soñar que se está en la ruina o quiebra total significa lo contrario. Una ruina arqueológica, significa fortuna, pactos favorables y grandes proyectos.

RUISEÑOR
Amores que pueden ser un poco fingidos.

Los Mil y un SUEÑOS

SÁBADO
Soñar con este día de la semana suele indicar fatalidad y querellas.

SÁBANAS
Si están limpias y blancas, buena conducta. Si están sucias, desorden y libertinaje.

SABAÑONES
Deseos libertinos.

SABIO
Si sueña que habla con un sabio, indica que le proporcionarán consejos útiles. Hágale caso a la voz de la experiencia.

SACACORCHOS
Fortuna imprevista. Consulte en un libro de numerología qué número de lotería debe comprar.

SACERDOTE

Soñar con un sacerdote indica que sus amigos lo son de verdad y que lo estiman sinceramente. Oírlo predicar es indicio de que va a adquirir nuevas responsabilidades que serán criticadas por algunos. Soñar que nos confesamos, humillación causada por habladurías injustas. Si una joven sueña que está enamorada de un sacerdote, está confiando en alguien que no es sincero.

SACO

De trigo: bienestar; de cualquier otra cosa: empresa desesperada.

SACRISTÍA

Situación apurada, venganza feliz, peligro con una dama joven.

SAL

Soñar que hace uso de la sal, representa nuevas aventuras, sucesos inesperados, encuentro casual. Derramar la sal, acusaciones por parte de enemigos.

SALADO

Soñar que se come o bebe algo excesivamente salado: le jugarán una mala pasada.

SALARIO

Soñar que nos pagan nuestro salario es indicio de cambios ventajosos. Si nos aumentan el sueldo, lo que emprendamos saldrá bien. Si nos lo reducen, malas noticias de algún ser querido.

SALCHICHA

Soñar que se hacen salchichas indica excesos sexuales. Comerlas, intrigas amorosas. Verlas en grandes cantidades, deseo carnal.

SALCHICHÓN

Verlo: disgusto mortal; comerlo, deseo cumplido.

SALMÓN

Generalmente pronostica problemas en la familia. Comerlo, peleas con vecinos.

SALÓN

Visita molesta.

SALTAMONTES

Abandono, después de haber agotado todos los ahorros.

SALTAR

Si sueña que efectúa un salto, indica pérdida de bienes, alejamiento de un ser querido; ver saltar a otro presagia males premeditados, enfermedad y agravios. Si salta para alcanzar algo y lo logra, éxito. Si no lo consigue, disgustos. Saltar sobre un precipicio, especulaciones peligrosas y problemas en el amor.

SALTEADORES

Perderás algún pariente o parte de tu fortuna, si sueñas que te sorprenden.

SALTO

De un animal: sorpresa desagradable. Si el salto lo realiza un hombre: accidente que ocurrirá al soñador.

SANGUIJUELAS

Soñar con sanguijuelas indica que hay personas que quieren beneficiarse ilegalmente de sus negocios. Verlas aplicadas al cuerpo del que sueña, enfermedad para él o para alguien de su familia. Verlas en otros, disgustos con amigos.

SANGRE

Soñar que se pierde sangre, indica pérdida de bienes, alejamiento de un ser querido; ver la ajena, presagia males premeditados, enfermedad y agravios.

SANGRÍA

Muerte de una joven. Bancarrota.

SANTO

Soñar con un santo-a indica bienestar futuro, enfermedad curada, agüeros favorables.

SAPOS

Generalmente soñar con sapos es un mal augurio. Suele significar rupturas, riñas entre amigos y malas interpretaciones.

SARAMPIÓN

Si sueña que enferma de sarampión, significa ataques de sus enemigos, querellas; soñar que otra persona lo padece, indica surgimiento de conflictos y malentendidos con una persona del sexo opuesto.

SASTRE
Indica cambios inesperados, arreglos en su negocio o trabajo, alegría. Soñar que un sastre nos está tomando medidas es indicio de sorpresas agradables. Pelearse con un sastre, pequeñas dificultades.

SECRETO
Desgracia o tormento.

SED
Soñar que se tiene sed indica grandes ambiciones y deseos de destacar. Si logra apagar su sed, conseguirá lo que desea.

SEDA
Riqueza, grandeza, elevación.

SEDUCCIÓN
Si una joven soltera sueña que es seducida indica que es demasiado impresionable y sentimental.

SEGADORES
Soñar con segadores en el campo, ocupados en su labor es indicio de prosperidad y alegría. Verlos tristes y con mala cosecha indica esfuerzos vanos y ausencia de resultados.

SELLO
Puede ser indicio de que ha olvidado usted contestar una carta. Si el sello es extranjero: viaje.

SEMBRAR
Si sueña que siembra, su trabajo será productivo y a la larga le otorgará grandes satisfacciones.

SEMINARIO
Traición, falsedad en un hombre.

SEMINARISTA
Niño que acabará mal si no se corrige.

SENO
Ver los propios senos o de otra persona bien formados es augurio de felicidad doméstica. De una nana, matrimonio; de una novia, parto feliz; de una joven, dinero, dicha, placeres; seno enfermo, signo mortal para el paciente.

SENTARSE
Amor desafortunado.

SEPULCRO
Soñar con un sepulcro, significa pérdida de bienes, de un cariño cercano o muerte.

SEPULTURERO
Ver a un sepulturero en sueños indica herencia. Serlo uno mismo: no hay que alegrarse de las desgracias ajenas.

SERENATA
Soñar que se escucha una serenata significa que pronto se recibirán buenas noticias de alguien que está lejos. Participar en ella augura un futuro venturoso.

SERMÓN
Pondrán a prueba tu paciencia.

SERPIENTE
Próxima seducción. Si se enrosca, es signo de enfermedad, prisión y riesgos. Matar una serpiente es señal de victoria sobre enemigos envidiosos; con varias cabezas, anuncia pecados. Si nos muerde, problemas con un amigo o familiar. Si se está rodeado de serpientes y sólo se alcanza a matar a una, alguien nos estafará en asuntos de dinero. Si se logra matar a todas es indicio de que se alcanzará gran poder, venciendo a cualquier enemigo. Caminar sobre ellas sin tratar de matarlas, excesiva ansiedad y aprensión que está castigando sus nervios. Manejarlas sin el menor miedo, está inventando un plan para perjudicar a aquéllos que se le oponen.

SERVIDUMBRE
Un solo criado es signo de afecto por parte de quienes lo rodean. Si son muchos, es indicio de que lo espían y critican.

SESOS
Comerlos, cercana enfermedad; secársele los sesos, muerte.

SEXO
Indica deseos reprimidos, insatisfacción sexual; soñar que cambia de sexo, significa frustración, impotencia e infelicidad con lo que se tiene y con lo que se es.

SIDRA

Soñar que se bebe sidra es un indicio de disputa y también un aviso de no confiar en ciertas personas que no son dignas de nuestra confianza.

SIERRA

Soñar que se trabaja con una sierra predice laboriosidad que generará beneficios y abundancia.

SILBIDO

Soñar que silba indica que le va a ocurrir un suceso por el que será criticado injustamente. Oír silbar a otros es indicio de que alguien se convertirá en su rival sólo para burlarse de usted. Silbar una canción: alegría.

SILENCIO

Estaremos mucho tiempo sin noticias de una persona querida.

SILLA

Sentarse en una silla, indica distinción; en un sillón, presagio de un puesto elevado. Si la persona que sueña tiene más de cincuenta años, el destino le indica que llegarán días de mucha tranquilidad. Debe dejar de fumar.

SIMPATÍA

Soñar con una persona simpática pronostica el comienzo de una felicidad duradera.

SIRENA

Soñar con una sirena suele ser indicio de traición. También puede indicar a una mujer atractiva que intenta deslumbrar.

SOBRECAMA

Protección seguida de prosperidad, victoria momentánea. Seguridad aparente.

SOBRINO(S)

Soñar con sus sobrinos, es señal de pequeñas e inesperadas sorpresas. Alegría en el hogar, feliz encuentro.

SOCORRO

Llevar socorro o prestar auxilio a alguien indica consideración pública. Recibirlo: un amigo nos ayudará. Oír gritar a alguien pidiendo socorro: un amigo está en peligro.

SOFOCO

Verse sofocado indica sufrimiento por la frialdad de alguien a quien amamos.

SOGA

Malos auspicios acerca de la enfermedad de un amigo. Alegría, buen tiempo.

SOL

En Oriente, feliz nueva; en Occidente, fatal pronóstico; cubierto, daño personal; resplandeciente, gloria y descubrimiento de algo que será muy benéfico para nuestro negocio; rojo, negocios malos; ver a la vez el sol y la luna, guerra sangrienta. Verlo salir, buenas nuevas. Verlo ponerse, falsedades y mentiras. Ver manchas en el sol, pérdida de dinero. Ver un eclipse de sol, pérdida aún mayor.

SOLDADOS O
GENTE ARMADA

Verla indica cansancio y fatiga. Tenerlos contra sí, tristeza, abatimiento, fastidio; verles hacer el ejercicio, esperanza sumamente lisonjera, el náufrago puede librarse en una tabla y hasta el ladrón puede salvarse de la horca, pero los borrachos y glotones pueden morir de repente. Ser uno soldado, indica que sus ambiciones podrán ser alcanzadas. Una joven que vea un soldado en sueños, deberá resistirse a proposiciones inmorales.

SOLEDAD

Habladurías y enredos. Noticia de un ausente. Falsa acusación.

SOLTERO

Verse soltero es un aviso para no casarse a ciegas, sin estar totalmente seguro de lo que hace.

SOMBRERO

Indica felices nupcias, bienestar, empresa fructífera, buenas noticias.

SONÁMBULO

Enfermedad nerviosa.

SOPA

Recuperación de salud o de fortuna. Verterla, esperanza frustrada. Si la sopera está llena, vendrán buenos días en el negocio, debido a un giro inesperado.

SORDO

Soñar con un sordo, indica que sus peticiones no serán oídas ni atendidas. Consejo que caerá en saco roto o advertencia no atendida. Largos y engorrosos trámites que tendrá que llevar a cabo. Si usted es el sordo, es señal de necedad y terquedad.

SORPRENDER

A alguien o ser sorprendido: la realidad se corresponderá con lo soñado.

SORTIJA

Aceptarla, amistad; ofrecerla, confianza.

SOSPECHAS

Celos infundados.

SOTANA

Próxima pobreza. Falta de virtudes. No sea tan confiado como para poner en manos de otra persona el arma que se puede volver contra usted.

SUBIR

Soñar que sube escaleras, una colina, una montaña, etc. indica ascenso en su trabajo, triunfo sobre sus enemigos y reconocimiento de las personas que lo rodean, es un feliz pronóstico.

SUBMARINISMO

Soñar que uno se interna en aguas claras y limpias presagia un pronto final feliz para algo que nos estaba preocupando; sin embargo, si el agua está turbia o sucia indica que las cosas irán de mal en peor.

SUBTERRÁNEO

Viaje por mar.

SUCIEDAD

Soñar con suciedad en uno mismo, en otros o en lugares es indicio de malas compañías de las que nos tenemos que librar cuanto antes.

SUDAR

Soñar que se suda mucho indica que los problemas que nos han estado agobiando van a desaparecer muy pronto y que muchos se darán cuenta de que no somos tan malos como ellos pensaban.

**SUDARIO O
SÁBANA MORTUORIA**
Muerte de alguno de su casa.

SUEGRO-A
Soñar con los suegros indica habladurías, riesgo de caer en contradicciones y errores, deslealtad.

SUELDO
Recibirlo, es signo de éxito; malgastarlo anuncia miseria próxima por despilfarrador.

SUELO
Soñar que se camina y el suelo se hunde bajo sus pies, hundiéndose también usted pero escapando sin daño, indica que pronto le llegará la oportunidad de iniciar un negocio que será muy próspero.

SUEÑO
Falsa tranquilidad.

SUERTE
Soñar que se tiene suerte significa lo contrario.

SUICIDIO
Soñar que se suicida, significa daños y destrucciones, angustia y depresión, conflictos consigo mismo.

SUPLICIO
Éxito seguro. Siga con ánimo.

SUSPIROS
Contrariedades amorosas que desaparecerán. Debe tener calma.

TABERNA

Comer en ella con los amigos es señal de consuelo; comer solo, de vergüenza y aflicción.

TABIQUE

Ver un tabique de ladrillos o de planchas indica intentos por desvelar un secreto. Un tabique destruido: expropiación.

TALADRO

Sentencia favorable. Engaño descubierto por una casualidad, esté alerta.

TALLER

En actividad, pequeña herencia. Vacío, murmuraciones.

TAMBORIL

Oír el sonido de este instrumento indica sorpresas agradables y crecimiento gradual de los negocios. Bailar con su son, gran alegría.

TALISMÁN
Recibir un talismán indica beneficios gracias a la ayuda de un amigo.

TALLER
En funcionamiento: perseverancia premiada; desierto: cesantía.

TAPAR
Una botella, una caja o un objeto cualquiera: ahorro que será de gran utilidad.

TAPICERÍA
Alegría sin provecho. Abuso de confianza. Verlas quemar en una casa, es mal presagio para el dueño.

TARTAMUDEAR
Pronta y útil resolución.

TATUAJE
Soñar con alguien que lleva un tatuaje indica que el éxito de otros nos perjudicará. Si el tatuaje lo llevamos nosotros es indicio de separaciones familiares.

TAZA VACÍA
Posición modesta; taza fina, tranquilidad. Pero si el sueño es que estabas en un café, tomando además bebidas alcohólicas, te verás involucrado en un escandaloso fraude.

TÉ
Generalmente soñar con té indica dificultades financieras que minan nuestras fuerzas y son una preocupación constante. Tomarlo, placeres efímeros que luego nos entristecerán. Ver a otro tomarlo, nos pedirán nuestra colaboración para ayudar a alguien.

TEA
Pánico, verdad no creída, pero cierta.

TEATRO
Soñar que se encuentra en un teatro, indica que usted no debe dejarse manejar por otras personas. Actúe según sus creencias y sus sentimientos. Ser actor en el teatro, próximo cambio que resultará beneficioso. Si el teatro se incendia, cualquier cambio será negativo.

TECHO, TEJADO

Si sueña que está sobre un tejado es indicio de éxito. Correr por el techo, amenaza un peligro; caer, cercana catástrofe. Ver a otros sobre el tejado indica pequeñas humillaciones.

TEJER

Para una mujer es muy buen presagio soñar que teje con agujas. Indica paz y felicidad e hijos sanos y buenos.

TELARAÑA

Soñar con una telaraña indica conflictos poco importantes que podrá solucionar en breve. Entendimiento confuso que no le permite actuar con la razón.

TELÉFONO

Soñar que suena el teléfono insistentemente y usted no contesta, indica estados angustiosos, miedo a afrontar ciertos problemas de la vida. Si usted sueña que habla por teléfono, es señal de que recibirá una llamada telefónica que le proporcionará una gran sorpresa.

TELÉGRAFO

Tenga cuidado con lo que va a hacer, no se precipite, reflexione, y conseguirá mejor lo que se propone. Es inútil que se atormente para conseguir fortuna.

TELEGRAMA

Soñar que recibe un telegrama, indica que debe hacer caso a sus presentimientos. Recuerde que es mejor prevenir que lamentar.

TELÓN

Tenga cuidado con lo que va a hacer, pues si acierta, su suerte mejorará. Mujer rica, pero de mal genio.

TEMBLAR

Una persona querida corre un gran peligro.

TEMBLOR DE TIERRA

Terremoto, soñar con un temblor o terremoto es señal de peligro, pérdidas y desgracias.

TEMPESTAD

Ultraje, inminente peligro.

TEMPLO
Entrar en él: variación de conducta; orar en el templo: pesadumbre por injurias.

TENAZAS
Persecución.

TENEDOR
Anuncia parásitos. Consulte a su médico, peligro.

TENTACIÓN
Soñar que se resiste a la tentación indica problemas de algún tipo. Si logra vencerla es augurio de éxito pero sólo tras un arduo trabajo.

TERCIOPELO
Buen augurio. Riquezas. Si es una mujer soltera la que lo sueña, pronto matrimonio.

TERMÓMETRO
Representa ambición desmedida, ofuscación de los sentidos, impaciencia e irritabilidad, grandes pasiones.

TERROR
Soñar que se siente terror ante algún objeto indica disgustos. Si son otros los afectados por el terror, malas noticias de amigos.

TESORO
Buscarlo: conténtate con lo que tienes; encontrarlo: mal augurio.

TESTAMENTO
Para unos indica muerte inminente, para otros sólo melancolía e infelicidad. Soñar que se hace un testamento y luego se destruye, problemas que aflorarán de un momento a otro. Ver que otro hace su testamento, disputas vergonzosas.

TIBURÓN
Herencia que se esfumará por la codicia de los abogados, a menos que se le capture.

TIEMPO
Un buen tiempo es señal de seguridad falaz. Mal tiempo, véase lluvia.

TIENDA DE CAMPAÑA
Verse en una tienda de campaña indica cambio de negocio, si la tienda es fuerte y segura será un cambio positivo.

T

TÍOS
Cuestiones familiares.

TIERRA
Ver tierra laborable y bien cultivada es indicio de posición estable y felicidad. Verla árida indica miseria. Ver un montón de tierra, largos años de vida. Ver un surco en la tierra, preocupaciones graves. Atravesar el surco, peligro de muerte. Besar la tierra, triunfo de nuestros rivales. Comprar o vender tierra, pérdidas económicas. Verla negra es signo de tristeza, melancolía e hipocondría. Verla temblar, véase terremoto.

TIGRE
Soñar con un tigre, presagia personas de malos instintos, que están al acecho, sea más precavido al escoger a sus amistades. Si el tigre está libre puede indicar también celos feroces que tendrán consecuencias desastrosas.

TIJERAS
Disensiones entre ambos amantes; riñas de casados; obstáculos en los negocios.

TIMBAL
Consúltate a ti mismo. Reduce a la mitad tus aspiraciones.

TINIEBLAS
Caminar entre las tinieblas significa tristezas, penas morales, decaimientos. Soñar con tinieblas puede también ser indicio de abandono, más o menos acentuado según el grado de oscuridad.

TINTA
Es bueno soñar con tinta, pero si se hace mal uso de ella o se malgasta indica vejaciones y envidias. Verse con tinta en el cuerpo es indicio de que de no ser muy cuidadoso se causará grandes sufrimientos a cierta persona. Ver la tinta tirada es presagio de una época de descanso o vacaciones.

TIÑA
Falsos amigos o servidores de los que no será fácil deshacerse.

TÍTERES
Ser titiritero invita al orden y a la prudencia; ser invitado a una función de títeres, desconfíe de una próxima proposición.

TÍTULOS
Prudencia y valor. Viaje contrariado, ligereza.

TOCADOR
Soñar que se arregla en el tocador, indica falsa vanidad, hipocresía, cambios repentinos.

TOCINO
No seas impaciente, modérate y lo desordenado se ordenará, gana poco, pero gana siempre; los flojos lo esperan todo de la lotería.

TOMATES
Soñar con tomates es bueno. Comerlos, salud inmejorable. Recogerlos, felicidad en el matrimonio.

TOMILLO
Indica pérdidas en la lotería o juegos de azar.

TONELES
Soñar con toneles llenos de vino indica riqueza y abundancia material, mayor cuanto más numerosos y más grandes sean los toneles. Si están vacíos, disgustos y pérdidas materiales. Soñar que se

limpian o se rascan los toneles es indicio de ingreso de fondos o herencia inesperada.

TOPACIO
Apártate de ese amigo, pero con precaución. Busca ocupación. No retrocedas.

TOPO
Indica ceguera moral.

TORERO
Puede ser indicio tanto de éxitos inesperados como de inestabilidad en su vida. Actúe con prudencia y ahorre todo lo que pueda.

TORO
Ser embestido por un toro significa obstáculos y problemas difíciles de vencer, torearlo indica lo contrario. Ver cómo un toro cornea a otra persona es presagio de mala suerte.

TORRE
De una fortaleza, resistencia improvista.

T

TORRENTE
Fatal agüero; caerse en él, daño inminente.

TÓRTOLA
Fidelidad, concordia doméstica; si los que sueñan son solteros, próximo matrimonio.

TORTUGA
Si se para ante nosotros, tenemos secretos enemigos; comer tortuga, disgustos; si camina, perjudicial retraso en las empresas.

TORTURA
Ver en sueños cómo torturan a alguien indica que sus planes resultarán vanos. Defender a otros de la tortura, éxito después de muchos esfuerzos. Ser uno mismo torturado, problemas por culpa de falsos amigos.

TOS
Soñar que tiene un acceso de tos es señal de tristeza, desgracias, engaños, mal pronóstico.

TRABAJADORES
Verlos trabajar es anuncio de quejas que no podrán evitarse.

Emplearlos indica lucro, provecho. Pagarles es signo de que se quiere el bien del pueblo. Despedirlos, anuncia peligro para el vecino.

TRABAJO
Ver a otros trabajando es indicio de dinero ganado con nuestro esfuerzo. Verse a sí mismo trabajando indica que después de probar muchas cosas finalmente hemos hallado aquello que nos conviene.

TRAGEDIA
Ver representar una tragedia, es presagio de pérdida de amigos y bienes.

TRAICIONAR
A alguien: una desgracia amenaza al traidor.

TRAJE
Lucir un bello traje, indica alegría, paz espiritual, anhelos satisfechos; un traje indecoroso, es señal de penas y decepciones amorosas, situación vergonzosa; un traje roto o sucio representa pérdida de bienes.

TRAMPA

Cazar con trampas es indicio de éxito. Ser atrapado en un cepo, enemigos que tendrán éxito en sus planes. Verse preparando una trampa indica que nuestros planes serán descubiertos. Ver una trampa es indicio de que hay que tener cuidado con una persona a la que se le concede exceso de poderes. Ver que tienden una trampa: lo que proyectemos se volverá contra nosotros mismos.

TRÉBOL

Llegada de dinero.

TREN

Soñarse viajando en tren o abordándolo es un buen augurio para los proyectos del que sueña. Si pierde el tren, problemas inesperados. Verse en el techo de un tren y llegar así a su destino, prosperidad. Caerse del tren, disgustos y humillaciones. Ver pasar el tren, paz, existencia tranquila para uno mismo y los suyos. Si el tren anda marcha atrás, disminución de bienes. Ver un choque de trenes o un descarrilamiento, dificultades materiales en casa de los padres o amigos. Si en el accidente hubiera muertos o heridos, enfermedad de un allegado. Ser víctima del accidente, amenazas de salud o negocios.

TRIÁNGULO

Soñar con un triángulo es un pronóstico excelente, unión duradera, amor filial.

TRIBUNALES

Tener algún asunto en los tribunales augura discusiones, apuros, pérdidas de dinero, relaciones rotas, etc. Sin embargo, si lo condenan a la cárcel es presagio de consideración pública.

TRIGO

En espigas: provecho y riquezas para aquél que sueña que las recoge. Trigo almacenado en gran cantidad, anuncia abundancia de bienes. Soñar con un campo de trigo arrasado por la tormenta o un incendio presagia desgracias.

T

TRINEO
Verse montado en un trineo es indicio de próximo cambio de domicilio o incluso de país.

TRIPAS
Grave enfermedad de un allegado. Si vemos las propias, enfermedad del que sueña.

TRIUNFO
Soñar que alcanza el triunfo anhelado, es buen presagio, dinero inesperado, feliz acontecimiento.

TROFEO
El que sueña que lo gana, buenos acontecimientos; el que lo pierde, cuidado con los rateros.

TROMPA
De elefante: amistad sólida.

TROMPETA
Oír el sonido de una trompeta es indicio de noticias sorprendentes. Tocarla uno mismo, ambición que se logrará.

TRONCOS
Miseria para el que los contempla; vergonzosa fortuna para el que los lleva.

TRONO
Vacío: defunción o partida de una persona dominante. Sentarse en él: presunción injustificada.

TULIPÁN
Declaración amorosa.

TUMBA
Ver una tumba en sueños indica lamentaciones, reflexiones melancólicas o disgustos. Ayudar a construirla, nacimiento de un niño. Caer en una, enfermedad y tristezas en la familia. Leer la inscripción de una tumba, tendrá que llevar a cabo acciones desagradables.

TUMULTO
Soñar que se presencia un tumulto indica disgustos. Si vemos que en el tumulto de gente matan a alguien es indicio de mala marcha en los negocios, muy posiblemente por motivos de salud.

TÚNEL

Soñar que se cruza un túnel mientras afuera está lloviendo indica posible enfermedad y cambio de negocio o trabajo. Estar en el túnel y llegar el tren en ese momento, desgracias en los negocios. Tener problemas en un túnel suele ser siempre un mal presagio.

TÚNICA

Miseria para el que la viste.

TURISTA

Soñar que se conversa con turistas es indicio de problemas en los negocios. Si uno mismo es el turista, cambio de domicilio.

TURQUESA

Soñar con esta piedra azul indica que sus planes tendrán éxito, lo cual cambiará su vida.

Los Mil y un SUEÑOS

UBRES
Muy llenas, abundancia; flácidas y secas, escasez. Cuide sus negocios.

ÚLCERA
Es señal de progreso en lo económico, ascenso en el trabajo, dinero inesperado.

ULTRAJE
Si lo recibe le vaticina que dentro de poco tiempo un buen amigo le dará una sorpresa muy agradable, si sueña que es usted el que infiere un ultraje le presagia que en caso de tener algún proyecto éste fracasará estrepitosamente.

UNGÜENTOS
Alegría.

UNIFORME
Soñar que lleva un uniforme indica logro y placer, honor,

distinción de la que le harán merecedor.

UNIVERSIDAD
Verla, será llamado a declarar en un asunto judicial. Estar en ella, obstáculos y zozobras.

UÑA
Uñas largas, abundancia; cortas, estrechez económica; cortarse las uñas, indica riñas amorosas, problemas, separación; arrancarlas significa enojos y contratiempos.

URNA
Llena, enlace; vacía, celibato.

URRACA
Buenas noticias.

USURA
Ser usurero, ruina; recurrir a ella, vergüenza próxima.

UVA
Las uvas significan negocios o trabajo. Soñar con abundancia de uvas y comer algunas es muy buen presagio. Si fueran de sabor agradable indican placeres y abundancia. Si son de sabor ácido o desagradable, sufrimientos y penas. Si una soltera sueña que come uvas es indicio de próximo matrimonio. Cogerlas solamente, encuentro con un extraño.

V

VACA
Soñar con vacas es un buen augurio. Indica abundancia.

VACUNA
Soñar que le aplican una vacuna, indica remedio de males, enfermedad curada.

VADO
Cruzar un río de aguas claras indica alegría y placeres. Si el agua está sucia, enfermedades y penas.

VAGABUNDO
Ver a un vagabundo puede ser indicio de un niño extraviado.

VAGO
Verse afectado por un gran deseo de inactividad indica que alguno de sus asuntos o negocios se ve afectado por su

falta de atención y cuidados. Si ve a otros entregados a la vagancia es indicio de que tendrá muchas dificultades para lograr la ayuda que necesita para encarrilar sus asuntos.

VAINA
De una espada, casamiento deshecho.

VAJILLA
De estaño, barro o porcelana, existencia tranquila y feliz.

VAMPIRO
Soñar con vampiros es indicio de ambición desmedida, bajas pasiones y malos instintos. Si sueña que le chupan la sangre, significa que debe estar prevenido contra el acecho de enemigos; también, gastos inesperados.

VASOS
Llenos, enlace; vacíos, celibato.

VECINOS
Dolencias. Dificultades.

VEJACIONES
Soñar que alguien nos trata mal es indicio de que pronto nos pedirán disculpas. Si es usted el que maltrata a alguien, próximo cambio desfavorable.

VELAS
Una vela encendida representa triunfo en el amor, buen presagio y salud. Una vela apagada, es señal de tristeza, enfermedad, desazón.

VELADA
Alegría y dinero.

VELAR
Soñar que se vela a un muerto indica enfermedad de un familiar.

VELETA
Fatal volubilidad. Cuide a sus hijos.

VELO
Indica engaños, amor fingido, secretos. No es usted todo lo sincero que debiera con sus amigos. Perder un velo indica disputas con un hombre. Ver en sueños el velo de una novia, cambios benéficos. Llevar velo de novia, éxito. Velos de mortajas, problemas y tristezas.

V

VELLO
Signo de opulencia; si el viento arrastra parte de él, pérdida de bienes; si lo arrastra todo, completa ruina.

VENDAJES
Sufrimiento espiritual que hallará consuelo.

VENGANZA
Pleito ruinoso. Tenga cuidado.

VENA
Ver las venas, indica desazón, tristezas y pesares.

VENENO
Ver a un envenenado presagia una enfermedad, generalmente de tipo contagioso. Ser uno mismo el envenenado, malas noticias de una persona ausente. Preparar veneno para dárselo a alguien indica que nuestros planes que creemos muy buenos serán infructuosos. Ver a una persona que toma veneno significa falta de carácter y de ambición.

VENDIMIA
Vendimiar, vaticina salud, riquezas y alegría en proporción a la cantidad de uvas que se recojan.

VENGANZA
Soñar que se está vengando de alguien denota una mala tendencia por su parte, que de no corregirla será causa de la pérdida de muchos amigos.

VENTA
Beneficio momentáneo pero que muchas veces da margen al arrepentimiento.

VENTANA
Una ventana abierta es señal de nuevas esperanzas que se le presentarán; cerrada indica obstáculos y problemas; arrojarse por la ventana significa que no debe actuar precipitadamente.

VENTRÍLOCUO
Procure estar sobre aviso para no hacer «como el sastre de Campillo, que cosía de balde y ponía el hilo».

VERDE
Soñar con objetos de color verde indica que se cumplirán los más íntimos deseos.

VERDUGO
Catástrofe. Se está expuesto a violencias.

VERGÜENZA
Soñar que se tiene vergüenza indica que tenemos remordimientos por una mala acción cometida.

VERJA
De hierro, obstáculo que debe vencer; de madera, si es nueva, dinero que recibirá por vencer un obstáculo a otra persona. De plata u otro metal precioso, grandes beneficios que le reportarán los servicios que presta a otros.

VÉRTIGO
Soñar que se padece vértigo indica pérdida de una situación favorable.

VERRUGA
Soñar que le salen verrugas o que le crecen, indica intranquilidad y preocupación; tome las cosas más a la ligera y no se ahogue en un vaso de agua.

VESTIDO
Sucio, desprecio pasajero; elegante, aprecio no muy provechoso; de varios colores, desazón. Arreglar un vestido o vestidos, reconciliación duradera. Perderlos, disputa.

VETERINARIO
Hablar con uno, una persona muy amable y muy lista le pedirá dinero prestado que no piensa devolverle. Soñar que lo es, procure ser más justo en sus juicios.

VÍA DE TREN
Soñar con las vías del tren generalmente indica viajes. Si la vía está limpia, serán satisfactorios; si están obstruidas, problemáticos. Verse caminando por la vía del tren es presagio de preocupaciones y disgustos.

VIAJE
A pie, perjuicios e insuperables obstáculos; a caballo, fortuna próspera; en coche, buena ventura; viajar armado, elección de esposa. Si sueña que hace un viaje placentero y feliz, ello indica éxitos y felicidad en

el futuro próximo. Si el viaje fue desgraciado, problemas y decepciones.

VIEJA
Mal presagio. Tenga cuidado.

VIDRIOS
Enteros, noticias buenas. Rotos, le pronostican una situación precaria. Enfermedad.

VICIO
Soñar que de algún modo se incita a los demás al vicio indica posible pérdida del buen nombre. Ver a otros hundidos en el vicio, mala situación familiar.

VÍCTIMA
Verse víctima de alguien en sueños indica que hay quien trata de perjudicarnos.

VICTORIA
Llantos y celos para el que la alcanza; infidelidad y holganza para el vencido.

VIGAS
Indicio de que se hará famoso.

VIENTO
Problemas y pleitos que podrá solucionar en corto plazo de tiempo.

VIENTRE
Abultado, buen presagio; flojo, obstáculos; de mujer, unión ilícita; de hombre, amor correspondido.

VINAGRE
Colorado, afrenta personal; blanco o incoloro, insulto dirigido a otro; perdido, enfermedad; beberlo, querellas domésticas.

VINO
Beberlo puro, fuerza; aguado, salud débil; generoso, regocijo; espeso, riqueza; verlo fluir, alta protección, próxima fortuna.

VIÑA
Soñar que está en una viña con frutos, indica éxito como consecuencia de su trabajo. Si se sueña fuera de la temporada no es buen presagio.

VIOLACIÓN

Soñar que una persona conocida por nosotros es víctima de una violación indica que tendremos conocimiento de un escándalo protagonizado por uno de nuestros amigos. Si una joven sueña que es violada, recibirá malas noticias sobre su amor.

VIOLETA

En su correspondiente estación, logro amoroso; fuera de ella, pérdida de bienes, amigos o amantes.

VIOLÍN

Soñar que escucha música de violín, indica propósitos que se cumplirán, ya sea a corto o largo plazo; amor correspondido; dicha y placer; tocar el violín significa acercamiento entre las personas que se encontraban alejadas, retorno de ausentes, reconciliación. Un violín roto o abandonado es señal de penurias, aflicción y enfermedad.

VIRGEN

Soñar con una virgen es un sueño muy favorable, indica éxito en muchos sentidos. Si una joven sueña que deja de serlo indica excesiva intimidad con sus amigos lo cual podrá ser negativo para ella.

VIRUELA

Soñar que se padece esta enfermedad o ver a otros afectados por ella es signo de desgracias y sufrimientos, ya sea a causa de enfermedades o por los negocios.

VISITAS

Recibirlas, trabajos imprevistos; hacerlas, felicidad, visita de médico, provecho. Recibir la visita de un amigo, buenas noticias de algún ser querido. Recibir la visita de alguien con problemas, disgustos y desavenencias.

VISIONES

Soñar que alguien conocido se nos aparece indica problemas en la familia. Visiones confusas y extrañas, enfermedad.

VIUDA

Soñar que se es una viuda presagia problemas y humillaciones. Si un hombre sueña

V

que se casa con una viuda, es indicio de ambición desmedida.

VOCES
Oír voces en sus sueños: si son tranquilas y agradables indican placeres y felicidad. Si son chillonas o enojadas, disgustos. Oír susurros es un aviso de que debe ser prudente con lo que dice en un arranque de pasión.

VOLAR
Soñar que vuela con alas, indica enfado o irritabilidad; volar sin alas significa ascenso en el trabajo, satisfacciones, alegría, dinero inesperado. Volar sobre aguas claras y tranquilas, indica felicidad en el matrimonio.

VOLCÁN
Quiere decir este sueño que una persona le ama en secreto. Si está apagado el volcán es que sufrirá de mal de amores sin ser correspondido.

VÓMITOS
Ver en sueños que otros vomitan indica que nos molestará lo que otros digan de nosotros. Ser uno mismo el que vomita, riesgo de enfermedad. Vomitar algún objeto extraño es siempre un mal augurio, indica disgustos y penalidades. Vomitar sangre, enfermedad grave en la familia.

VOTAR
Soñar que se vota indica cierto prestigio en la comunidad. Si nos dan dinero por votar a alguien, es indicio de que no estamos tomando la vía correcta.

Y

Los Mil y un SUEÑOS

YATE

Si viaja en él, le previene que debe ser más modesto en sus aspiraciones. Su vanidad puede llevarle a la ruina. Verlo partir, fracaso en lo que emprenda. Si es un velero, magnífico negocio en puertas.

YEDRA

Franca amistad.

YEGUA

Una yegua fina y hermosa es señal de matrimonio feliz o relación amorosa armónica. Una yegua de mala estampa significa lo contrario. Montar una yegua indica triunfo sobre los enemigos y resolución de problemas. Ver correr una yegua, presagia peligros o riesgos que podrán ser vencidos.

YEGUADA
Si es hombre quien sueña con ella, denota que será desgraciado a causa de las mujeres. Si es mujer, le anuncia una juventud alegre y placentera.

YERMO
Soñar con un terreno yermo, indica pequeñas tristezas.

YERNO
Cuide sus intereses, atienda su negocio, no malgaste su dinero, existe la posibilidad de tener que realizar un gasto considerable que lo pondrá en desventaja económica. Disputas familiares.

YESO
Noticias agradables por carta.

YUNQUE
Provechoso trabajo.

YUGOS
Presagio de un matrimonio feliz.

Z

ZAGAL
Presagia al soñador tranquilidad de espíritu. A la soñadora, declaración de amor.

ZANAHORIA
Soñar que come zanahorias, indica secretos descubiertos, sirvientes o colaboradores fieles. Un campo sembrado de zanahorias, significa inesperado provecho. También puede ser indicio de que pronto intentarán robarnos.

ZÁNGANOS
Verlos denota negligencia en los negocios. Si le rodean o persiguen aleje de usted a ciertas personas que sólo sirven para vivir a costa suya; de lo contrario, lo pasará muy mal.

ZAPATOS
Soñar que lleva zapatos nuevos es señal de buenas noticias, alegrías inesperadas, buen presagio; zapatos viejos, indican odios y recelos antiguos que pueden volver a surgir; zapatos rotos o sucios,

presagian riñas, pleitos y habladurías infundadas. Proceda con cautela y no confíe sus problemas a personas desconocidas.

ZANJA
Querellas domésticas.

ZAPAPICO
Muchos hombres de humilde cuna, han sabido elevarse a los puestos más altos por medio de su propio esfuerzo, así que, anímate y trabaja. No pienses en la lotería, ella no te salvará, lo que debes hacer es trabajar.

ZAPATILLAS
Verlas le indica disgustos. Si se las pone, comodidades; si se las quita, disputas.

ZAPATOS
Soñar que se llevan zapatos en mal estado es indicio de falta de tacto, de hablar demasiado y sin la debida precaución, por lo cual se creará muchos enemigos. Llevarlos limpios y pulidos, denota prosperidad y acontecimientos felices. Verlos desatados, diferencias con amistades. Nuevos, buenas

noticias. Si una joven sueña que un hombre le quita los zapatos, es indicio de que debe extremar la prudencia.

ZARZAL
Esconderse en un zarzal, peligro.

ZODÍACO
Soñar con alguno de los signos zodiacales indica nuevos caminos que se le presentarán. Hágale caso a su intuición y juegue a la lotería.

ZORRA
Ver un zorro o zorra indica pérdida de dinero por culpa de los abogados; pelearse con una zorra presagia una disputa con un enemigo astuto; poseer una zorra domesticada, fatal amor hacia una mujer de mala vida o bien una ciega confianza en un criado que le engañará.

ZUECO
Beneficios.

ZUMBIDO
Oír el zumbido de un insecto sin verlo es indicio de que están hablando mal de nosotros.

Índice

$\mathscr{M}$il y un Los SUEÑOS